UNLOCK STORY
언락 스토리

UNLOCK STORY
언락 스토리

박은하 지음

망설임을 넘어서는 순간 한계는 사라진다

나를 위한 도전과 타인을 위한 기여,
그리고 함께 번영하는 삶을 위하여

헤음터

읽기 전에 알아두면 좋을 것들

· 이 책은 나로부터 흘러나온 이야기와 질문으로 구성되어 있습니다.
  질문 앞에서 잠시 머무르며 자신만의 '언락 스토리'에 귀기울여보세요.

· 이 책에 등장한 인물들은 당시 소속과 직책으로 기록되었습니다.

포토 에세이

지금, 당신 앞의 문은 잠겨 있나요?

어떤 문은 두려움 때문에
어떤 문은 익숙함 때문에
굳게 잠긴 문.

그 문을 열 수 있는 열쇠는
바로 나 자신.

언락(Unlock)

이 단어는 문 앞에 서 있는 우리에게
건네고 싶은 메시지입니다.
잠긴 문을 연다는 것은
나만의 가능성을 마주하고
그 안에서 진정한 나를 발견하는 것입니다.
모두 같은 방식으로 살아갈 필요는 없습니다.
가장 나다운 방식으로
내 앞의 문을 열 때 삶의 의미는 더 깊어집니다.

잠긴 문이 보일 때마다 열고 내디뎠던
한 걸음이
지금의 내가 되었습니다.

흔들리지 않는 꽃이 어디 있을까요?
숱한 흔들림 속에서
편안함을 찾는 법을 배웠습니다.

나를 위한 도전에서
타인을 위한 기여로
이제는 함께 번영하는 삶을 그리며
새로운 문을 열어 갑니다.

잠긴 문 앞에 서 머뭇거리고 있다면
일단 손잡이를 잡고 열어보는 건 어떨까요?

생각을 넘어 경험으로
그 문을 여는 순간
새로운 이야기가 시작됩니다.

프롤로그

2014년 가을, 17년간 몸담았던 직장과 작별했습니다. 명확한 청사진 없이 새로운 삶을 향한 열망이 이끈 선택이었습니다. 그렇게 찾아온 여유로운 시간 속에서 평소 해보고 싶었던 그림을 배우기 시작했습니다.

처음에는 유명한 작품들을 모작하며 기초를 다졌습니다. 손끝에 익은 기법들이 하나둘 쌓이면서, 서서히 제가 진정 그리고 싶은 것들을 화폭에 담게 되었습니다. 아직 창작이라 부르기엔 미숙한 솜씨였고, 남들을 깜짝 놀라게 할 만한 아이디어도 부족했죠. 하지만 전하고자 하는 메시지만큼은 분명했습니다.

당시 핸드폰 배경 화면으로 사용하던 이미지가 있었습니다. 산토리니의 하얀 벽과 파란 대문이 어우러진 풍경이었습니다. 구름 한 점 없는 푸른 하늘을 배경으로 펼쳐진 그 조화로운 색감은 보이는 이로 하여금 산뜻함과 시원함에 빠져들게 했습니다. 어느 순간, 그림 속 파란 대문이 유독 시선을 사로잡았습니다. 그리고 도화지 앞에 선 저에게 특별한 영감의 순간을 선사했습니다.

우리 앞에는 셀 수 없이 많은 문이 펼쳐져 있습니다. 그런데 정작 그 문을 열 용기를 가진 이는 생각보다 많지 않다는 현실을 마주하게 됩니다. 문을 열고 싶지만 어떻게 열어야 할지 모르는 채 망설이는 사람들의 모습이 안타까웠습니다. 그래서 여러 개의 문을 도화지에 그려 넣었습니다. 우리 삶에 끊임없이 펼쳐지는 무수한 선택의 순간들을 표현하고 싶었거든요. 다음 단계로 나아가기 위해서는 결국 지금 내 앞에 놓인 바로 그 문을 열어야만 합니다.

저는 제 그림을 마주한 이들에게 문고리를 잡고 당당히 나아갈 수 있는 용기를 전하고 싶었습니다. 문을 연다는 것은 단순한 생각의 영역을 넘어 직접적인 경험의 세계로 발을 내딛는 일입니다. 스스로 부딪히고, 시행착오를 겪으며, 그 과정에서 새로운 깨달음을 얻는 여정의 연속이죠.

이 작품에 '언락(Unlock)'이라는 제목을 붙인 이유입니다. 코칭이나 강의를 시작할 때마다 이 그림을 먼저 보여드립니다. 우리 안의 잠재력과 무한한 가능성을, 그리고 무엇보다 우리 자신을 온전히 열고 용감하게 전진하라는 메시지를 담아서요.

내가 서 있고 싶은 곳은 어디인가?

제 삶의 방향은 바로 이 질문에서 시작됩니다. 지금 저는 또 다른 '넥스트'를 찾기 위해 새로운 문 앞에 서 있습니다. 책을 쓴다는 것 역시 저에게는 하나의 문을 여는 작업입니다. 누군가에게는 자연스러운 일일 수도 있지만, 저에게 글쓰기는 상당한 용기와 도전 의식이 필요한 일이었습니다. 그림으로만 표현해 왔던 저만의 이야기를 이제는 글로 풀어내어, 변화의 기로에서 망설이는 분들에게 용기를 전하고 싶습니다.

지금까지 적지 않은 시간, 수많은 문을 열고 한 걸음 한 걸음 앞으로 걸어왔습니다. 신화학자 조지프 캠벨은 "우리 삶의 진정한 목표가 있다면 그것은 삶 자체를 경험하는 것이며, 고통과 기쁨 모두를 온전히 받아들이는 것"이라고 말합니다.

문을 열 때마다 그 세계에서 성공과 실패를 통해 다양한 성취를 이루어냈습니다. 문을 연다는 것은 분명 어떤 일이 펼쳐질지에 대한 기대감을 주지만, 동시에 보이지 않는 미래에 대한 불안과 두려움도 함께 따라옵니다. 그럼에도 저는 언제나 설렘과 기대를 품고 용기 내어 도전하며 행동하는 삶을 살아왔습니다.

지금, 내 앞에 있는 문이 보이시나요?

대학 시절, 꿈 많던 그때. 저는 28살이 되면 인생의 모든 것이 결정되어 있을 거라고, 그리고 남은 삶은 정해진 길을 따라 살아가게 될 거라고 믿었습니다. 지금 돌이켜보면, 28살은 오히려 가장 빛나는 나이인데 그런 생각에 사로잡혀 있었던 것이 참 터무니없다는 생각이 듭니다.

그때의 고민과 지금의 고민이 크게 다르지 않습니다. 삶은 뒤돌아갈 수 없기에 앞만 보고 달려가는 것이 최선이라 여기며 열심히 살아갑니다. 잘 가고 있다고 생각하며 앞으로 나아가지만, 어느 순간 앞길이 막힌 듯한 느낌이 드는 때가 있습니다. 최선을 다해 달려왔기에 이런 상황이 당황스럽습니다. 두려움이 생기고, 짜증과 화도 납니다. '왜 나에게 이런 일이?', '누구 때문에 이런 일이 생겼을까?', '내가 무슨 잘못을 했을까?', 수많은 생각들이 꼬리를 물며 자신을 괴롭히기도 합니다. 이번에는 문 하나를 열고 나와 한참을 걸어가니 또 다른 문이 나타납니다. 지난번에 문을 열었으니 그냥 앞으로 나아가면 될 줄 알았는데, 또 있습니다. 이번에 만난 문은 앞에 하나만 있는 것이 아닙니다. 옆으로 두 개, 아니 세 개의 문이 보입니다.

'나는 어떤 문을 열어야 하지?' '내가 열고 싶은 문은 어디에 있지?'
문 너머의 세상이 보이지 않으니 문을 열어야 할지, 어떻게 열어야 할지, 어떤 문을 열어야 할지 온갖 궁리를 하게 됩니다. 이런 혼란스러운 감정을 빨리 알아차리면 좋겠지만, 대부분 안이하게 생각하고 무시하며 그냥 넘어갑니다. 시간이 지날수록 상처는 곪아갈 뿐입니다. 바로 그때가 내 안의 황금 열쇠를 찾아 문을 열고 나아갈 수 있는 '언락(Unlock)의 시간'입니다.

지금 내가 서 있는 세상에서 아직 보이지 않는 문 너머의 다른 세상으로 가기 위해서는 손잡이를 돌려 문을 열고 나가는 것이 유일한 방법입니다. 저는 살면서 수많은 문을 만났습니다. 어떤 문은 두려움 때문에, 어떤 문은 익숙함 때문에, 또 어떤 문은 스스로 잠긴 줄도 모른 채 닫혀 있습니다. 미지의 세계에 대한 두려움, 미래에 대한 불안이라는 감정이 도사리고 있었지만, 결국 문을 열고 다른 세상으로 넘고 넘어 지금의 내가 되어 있습니다.

어떤 힘이 문을 열고 앞으로 나가게 했을까요?

연락할 수 있었던 저의 황금 열쇠는 무엇이었을까요? 돌이켜 보니 결국 황금 열쇠는 나에게 있었습니다. 황금 열쇠는 바로 '나'라는 존재 자체였습니다. 세상에 단 하나뿐인 황금 열쇠. 우리는 각자 다른 문 앞에 서 있습니다. 그러나 그 문을 열 수 있는 방법은 오직 하나입니다. 바로 나 자신입니다. 내가 그 문을 열 수 있을 때, 비로소 내 삶에 진정한 책임감이 생깁니다. 내가 내 삶의 주인이 되어 원하는 삶을 주체적으로 살 수 있게 됩니다. 간혹 다른 사람이 문을 열어 주기를 원합니다. 다른 사람에 의해 문이 열리기도 하죠. 과연 이것이 지혜롭고 바람직한 선택일까요?

얼마 전 김호 작가의 『왓 두유 원트?』를 몇몇 코치들과 함께 읽으며 인사이트를 나눈 적이 있습니다. 참석자 모두 열심히 살고 있지만 정작 '진짜 원하는 것이 무엇인지' 묻는 말에는 쉽게 답하지 못했습니다. 에르메스 버킨백을 사기 위해 오픈런을 하거나, 흑백요리사에 출연한 유명 셰프의 음식을 먹고 싶다고는 명확하게 말하면서도, 정작 '나는 어떤 삶을 살고 싶고, 어떤 사람이 되고 싶은지'에 대한 답은 쉽지 않습니다.

    매번 시도한 도전이 성공했는지 아닌지는 크게 중요하지 않습니다. 어떤 일들은 성취하기도 했고, 아직 과정 중에 있는 일들도 있습니다. 그리고 앞으로 마주해야 할 또 다른 문들이 존재한다는 것도 알게 되었습니다. 여전히 문 앞에서 망설이고 두려워할 때도 있고 불안해하겠지만, 문을 열고 새로운 세상에서 성취할 때의 짜릿함과 또 다른 세상에 대한 기대감, 설렘이 공존한다는 것을 깨달았습니다.

    그동안 삶의 경험들이 자원으로 축적되었습니다. 이제 저는 인생의 흐름에 내어 맡겨도 '흔들리지 않는 편안함'을 느끼게 되었습니다. 송길영 작가의 『시대예보: 핵개인의 시대』에는 생애주기가 100세 이상이 넘어가는 세상에서 조직 안에서의 성공보다 각자 개인의 역량과 생존이 필요하다고 이야기합니다. 저 역시 정치, 행정 분야에서 27년의 짧지 않은 조직 생활을 하며 안온한 삶을 살아왔지만, 긴 생애주기를 조직 안에서만 살아갈 수 없다는 것을 2014년쯤 깨달았습니다. 그때부터 '나는 어떻게 살 것인가'에 대한 밀도 높은 고민이 시작되었습니다. 마침, 우연히 '코칭'이라는 것을 알게 되었고, 전문코치가 되어 나를 찾는 여정에서 코칭의 큰 도움을 받고 있습니다.

당신은 어떤 존재인가요?

조직에서 맡은 일에 대해서는 누구보다 잘 설명할 수 있었지만, 정작 '나는 누구인가'라는 질문 앞에서는 머리가 하얗게 됩니다. 고성취자일수록 침묵이 길어지고 당황하는 모습을 많이 봤습니다. 저는 코칭을 통해 비로소 나에 대해 탐색하며 자아를 찾는 여정에 들어설 수 있었습니다. 그제서야 소크라테스가 '너 자신을 알라'고 한 말의 깊은 의미를 알게 되었던 거죠. '내가 나를 얼마나 알 수 있을까?', '마지막 순간에도 나를 다 알았다고 할 수 있을까?' 사람을 보면 빙산이 떠오릅니다. 빙산 아래 잠들어 있는 무한한 잠재력, 가능성을 발견할 수 있다면 얼마나 든든할까요.

어렸을 때 청개구리 같다는 이야기를 종종 들었습니다. '청개구리'는 부모가 시키는 대로 하지 않고 반대로 행동하며 후회하는 메타포로 자주 사용됩니다. 정말 청개구리 심보였는지 모르지만, 누군가가 이렇게 하라고 지시하거나 가르치는 것을 좋아하지 않았던 것 같습니다. 어린 시절부터 좋아하는 책 중 최애 캐릭터는 제인 오스틴의 『오만과 편견』속 엘리자베스 베넷과 루이자 메이 올컷의

『작은 아씨들』의 둘째 조 마치입니다. 두 캐릭터 모두 자신의 가치와 신념, 개성을 중요하게 여기며 당당하고 진정성 있게 자신을 표현합니다. 자기 삶의 주체로서 멋지고 당당하게 살아가는 모습을 닮고 싶어 했다는 것을 나를 찾는 여정에서 발견할 수 있었습니다. 나의 뿌리 깊은 내면, 그 코어 깊숙한 곳에는 스스로 내 삶의 주인이 되어 살고 싶다는 강렬한 욕구가 있었습니다.

코칭을 처음 접한 지 10년이 되었습니다. 이제는 누군가의 리더십을 개발, 육성하며 성장을 돕는 코치로 활동하고 있습니다. 코칭을 알기 전과 후, 같은 사람임에도 무엇이 달라졌을까요? 그 핵심은 자기인식(Self-Awareness)에 있다고 생각합니다. 내가 누구인지, 무엇을 좋아하고 잘하는지, 성취하고 싶은 것과 어떤 삶을 살고 싶은지 등 나의 내면의 소리에 집중하니 외부와 연결이 더 잘되었습니다.

그동안의 삶을 두 단어로 정리해 본다면?

저의 답은 '도전과 행동'입니다. 삶을 돌이켜보니 늘 내 앞의 문을 벌컥 열고 한 발짝을 내디뎌 다른 세상으로 넘어갔습니다. 의미 있는 첫 도전은 대학교 3학년 겨울방학, 해외여행 자유화와 함께 친구와 둘이서 떠난 40일간의 유럽 배낭여행이었습니다. 스스로 첫 번째 문을 열었던 순간입니다. '시작 박사'라는 별명이 있을 정도로 그 이후에도 맨땅에 헤딩하는 경험을 무수히 많이 했습니다. 지금까지 살아온 시간을 저는 '도전'하는 삶으로 표현하고 싶습니다. 인생 1막을 도전하는 삶으로 살아왔다면, 인생 2막은 동작구 어르신행복주식회사의 대표이사로서 시니어 일자리 창출을 통한 복지 실현과, 전문 코치로서의 활동을 통해 제 핵심 가치 중 하나인 '기여하는 삶'을 실천하고 있습니다. 앞으로 본격적으로 리더십 코치로서 살아가고 싶은 저는 함께 '번영'하는 삶을 꿈꾸기 시작했습니다. 교세라(Kyocera) 창립자인 이나모리 가즈오 회장의 『어떻게 살 것인가』를 읽으며 그의 경영철학에 매료되었습니다. 여기서 영감을 받아 나의 미션은 '물심양면으로 함께 하는 사람들의 행복을 추구하고 인류 사회의 성장과 발전에 기여한다'입니다. 나에 집중하는 도전하는 삶을 살았다면, 이제는 외부로 눈을 돌려 타인을 위해 기여하는 삶을 살고 있고, 함께 번영하는 삶을 살고 싶다는 것이 내가 원하는 삶입니다. 나 자신이 채워져 충만해지니 주변을 볼 수 있는 힘이 자연스럽게 생깁니다. 어떤 사람은 주변부터 볼 수 있습니다. 그러다 내가 필요할 때 내 안으로 들어와도 됩니다. 어떤 것이든 나에게 맞는 방식으로 편안하게 하는 것이 중요합니다.

'흔들리지 않는 편안함'이라는 시몬스 광고 카피를 좋아합니다. 산스크리트어로 '기도, 주문, 신성한 말'을 의미하는 '만트라'처럼 필요할 때마다 마음의 입으로 말합니다. 흔들리지 않고 피는 꽃이 어디 있을까요. 이제는 흔들리는 어떤 상황 속에서도 편안함을 유지하는 법을 알게 되었을 뿐입니다. 추운 겨울날, 온몸이 차가워도 에너지 센터인 가슴만큼은 뜨겁게 뛰고 있는 느낌을 받은 적 있으신가요? 폭발할 것 같은 에너지가 입을 통해 뜨거운 열기로 뿜어져 나올 때, 그 감각을 좋아합니다. 마치 열심히 돌아가는 공장의 굴뚝에서 나오는 연기 같은 느낌이 듭니다. 그동안 맹목적으로 앞만 보며 뒤처질까 남들이 뛰는 방향으로 쫓아 달려갔다면, 이제는 나만의 방식으로 내가 원하는 방향으로 뛰어가도 불안하지 않습니다.

내 앞의 문을 열고 나간 덕분에 저 깊은 빙산 아래 나의 축적된 경험 자본들이 든든하게 나를 받쳐주고 있기 때문입니다. 이 책은 저의 고유한 경험을 통해 삶을 만나는 이야기입니다. 코치로서 제가 걸어온 길이 여러분 각자의 고유한 환경과 정체성 속에서 의미 있는 영감이 되기를 희망합니다. 우리는 모두 반짝반짝 빛나는 존재입니다. 내 스스로 나의 빛을 발화하세요. 이 책을 읽는 사람들이 자기 삶을 주체적으로 살며 각자의 삶에서 최고가 되길 바랍니다.

책을 쓰며 새로운 질문을 가슴에 품습니다.
어떻게 좋은 삶을 살 것인가?

차례

포토 에세이   5
프롤로그   10

1 · 삶의 길목에서 얻은 깨달음
인생의 핵심 가치를 발견하게 해 준 소중한 경험들

내 삶의 문을 여는 키워드는 무엇인가요?	26
차가운 바다에 뛰어든 퍼스트 펭귄	29
내 감정에 충실하고 싶은 마음	34
두드리지 않는 문은 절대 열리지 않는다	38
때론 축적의 시간이 필요합니다	43
대통령 코치를 향한 여정	48
나도 킹 메이커?!	54
청와대, 좋은 리더십의 기준을 배우다	59
새로운 출발선에서 나를 찾다	66
커리어 1막, 마침표를 찍다	71

2 • 나만의 삶의 철학

내가 소중히 여기는 가치들과 그것이 일상에 스며드는 방식

글쓰기가 즐거워지는 마법 레시피	80
시간의 예술가로 살아가는 법	85
문제가 많아서 기쁘다니요!	90
나의 업무 시스템을 만드는 즐거움	95
Perfect? or Professional?	99
직관과 강점이 이끈 나의 인생 항로	103
언제나 필요할 때 힘이 되는 칭찬의 힘	108
리더십은 팀십!	113
내가 무대 울렁증이라고?!	119
해결 과제는 삶의 강력한 동기가 되어	125
무대 울렁증이 코칭으로 이어지다	131
내 삶의 가치는 무엇인가요?	136
보석처럼 빛나는 멘티들	144
끝나지 않는 삶, Becoming의 미학	148
긍정심리자산 채우기	154
VIA 강점이 알려준 나의 정체성	160
행복으로 가는 열쇠	163
완벽을 기다리지 마세요, 나답게 시작하세요	168

3 · 코칭을 통해 발견한 삶의 지혜

타인의 성장을 돕는 과정에서 배운 소중한 교훈들

코칭은 성장입니다	*174*
수파리의 마음으로 수행 중	*178*
'외상 후 성장', 꽤 괜찮은 해피엔딩	*183*
월간 '나 자신과의 미팅'	*186*
잘하려고 애쓰지 마세요, 그저 춤을 추세요	*191*
모닝 페이지, 1,000일의 기적	*194*
로켓에 자리가 나면 일단 올라타라	*198*
내면의 여백은 자기경영으로부터	*201*
나에게 독서란 OOO이다	*205*
파트너십에서 팀십으로	*212*

4 • 일과 마주하며 배운 일의 태도

전문 코치로 일하며 깨달은 나다움의 가치와
나누고 싶은 진솔한 이야기

당신의 롤모델은 누구인가요?	*220*
나는 지금 어디를 향해 가고 있나요?	*225*
내 삶은 내가 선택하는 것	*230*
어떤 날엔 응석받이의 시간을	*233*
나를 관통하는 힘, 진정성	*238*
레몬수 한 잔과 작은 의식의 힘	*242*
나는 지금 잘 가고 있나요?	*245*
나는 지금 어느 길목에 서 있나요?	*250*
결국 우린 다 잘 될 거야	*255*
모든 일에는 때가 있다는 말	*260*
현명하게 질문하는 법	*265*
나는 어떤 사람이길 원하는가?	*270*

에필로그	*278*
편집 후기	*281*

· 1 ·

삶의 길목에서 얻은 깨달음

인생의 핵심 가치를 발견하게 해 준
소중한 경험들

내 삶의 문을 여는 키워드는 무엇인가요?

'지금까지 자신의 인생을 돌아봤을 때, 대표하는 키워드는 무엇인가요?'

국민대 경영대학원 '리더십과 코칭MBA' 과정 중 '긍정심리학' 강의 시간이었습니다. 수업 중 교수님께서 던진 질문이 아직도 생생합니다.

저는 망설임 없이 '도전'과 '행동'이라는 단어를 떠올렸습니다. 새로운 목표에 끊임없이 도전하고, 그 도전을 현실로 만들기 위해 행동으로 옮기는 사람. 바로 저의 본질이자 정체성이었습니다. 그 순간 대학 시절 유럽 배낭여행에서부터 시작된 내 삶의 패턴이 선명하게 보이더군요. 두려움을 안고도 도전하며, 생각에 그치지 않고 행동으로 옮기는 삶 말이죠.

어느날 저녁, 마침내 용기를 내어 부모님에게 나의 첫 도전에 대해 말했습니다. 대학생이 되었지만, 평소 통금 시간도 있고, 친한 친구네 놀러 가서 외박하는 일도 허락받지 못하던 시절이었습니다. 아버지는 무척 엄한 편이었지만, 엄마는 늘 제 편이었기에, 반대할 것으로 예상했던 아버지를 어떻게 설득할 수 있을까에 대한 생각만 했습니다. 그날 저는 통금 시간인 아홉 시보다 훨씬 이른 일곱 시쯤 귀가해 속으로 '어떻게 말할까?'라며 할 말을 부지런히 연습했습니다. 특히 도입 부분에 신경이 많이 쓰였습니다.

"아버지, 배낭여행에 도전해 보려고 하는데요?"

해외 배낭여행. 지금은 누구나 떠날 수 있는 해외여행이지만, 당시에는 꿈과 같은 도전이었습니다. '86 서울 아시안게임과 '88 서울 올림픽을 성공적으로 개최하고, 국제 정세의 변화와 경제 성장, 국민의 생활 수준 향상 등으로 인해 1989년 1월 1일, 대한민국은 드디어 해외여행 자율화라는 시대적 전환점을 맞았습니다. 그전까지만 해도 해외여행은 제한적으로만 가능하던 시절이었거든요. 해외여행 자유화가 공표되고 봄볕 좋은 어느 날, 친구들과 대학 캠퍼스 잔디밭에 앉아 "우리도 유럽 한 번 가 볼까?"라며 시작된 도전 스토리. 저는 아버지가 당연히 반대할지도 모른다고 생각했습니다. 외박도 허락되지 않던 집안 분위기에서 40일간 유럽 여행은 상상조차 할 수 없는 일이었거든요.

다소 긴장된 표정으로 첫 말을 내뱉던 그 순간, 아버지는 제 이야기를 들으시더니 흔쾌히 허락을 해주었어요. 반면 예상치 못하게 엄마는 '겁도 없나'며 걱정하고 반대했지만 아버지가 허락도 했고, 친구들과 함께 간다며 걱정하지 않도록 설득했습니다. 젊은 시절 여행은 견문을 넓히는 기회가 될 수 있고 좋은 경험이 된다는 아버지의 조언만으로 저는 이미 하늘을 날아갈 것만 같았습니다.

아버지에게 배낭여행을 말하던 순간에도, 대학원 시절에도 저는 '도전해볼까?'를 생각했습니다. 덕분에 두려움이라는 큰 산을 오르는 일은 쉽지 않지만, 일단 문을 열고 도전하고 행동하면 조금씩 앞으로 나아간다는 확신을 차곡차곡 쌓아갈 수 있었습니다. 그저 운이 좋아서 떠난 해외여행이 아니었습니다. 그것은 분명한 '선택'이었습니다. 두려움을 안고도 앞으로 나아가기로 한, 내 삶을 향한 첫 번째 언락(Unlock)을 위한 선택 말입니다.

 내 안의 이야기

자 이제, 당신 앞에 있는 문을 열 준비가 되셨나요?

차가운 바다에
뛰어든
퍼스트 펭귄

나 : 여자 회원도 받아주나요? 저 들어가고 싶습니다.
BJ : 난 여자아이들 들어오면 탈퇴할 거야!

차가운 겨울 공기를 가르며 당당하게 대학교 캠퍼스에 울려 퍼진 내 목소리는 예상치 못한 대답으로 돌아왔습니다. 그날의 질문이 내 인생의 작은 혁명이 될 줄은, 얼음 위로 뛰어드는 '퍼스트 펭귄'이 될 줄은 그때는 몰랐습니다.

대학 생활의 낭만 중 하나는 서클이라 불리던 동아리 활동이었습니다. 신입생이 된 후 어떤 활동을 할지 끊임없이 살펴보던 중 영자 신문이나 사진 동아리도 눈길이 갔지만, 저의 선택은 '백령 테니스 동아리'였습니다. 1981년부터 이어져 온 이 동아리는 선후배 간의 유대가 돈독해 보였고, 저는 별다른 고민 없이 친구와 함께 가입했습니다. 그렇게 1년이 흘렀을 무렵, 신생 농구 동아리 '팬다스'가 우리 동아리방을 함께 사용하게 되었습니다. 1983년 농구대잔치가 출범하면서 80년대와 90년대는 농구 전성기였어요. 학교 운동장에서는 늘 농구하는 학생들이 있었고, 대부분 농구하던 아이들은 키도 크고 잘생겨서 자연스레 시선을 끌곤 했습니다. 그런데 우연히 동아리방을 함께 쓰게 된 '팬다스'. 처음에는 그저 같은 공간을 쓰는 관계였지만, 한 학기가 지나며 '나도 농구 동아리에 들어가고 싶다'는 욕구가 자라났습니다. 왜 그랬을까 생각해 보면 신생 동아리라는 점이 크게 작용했던 것 같아요. 새로운 것을 만들어가는 과정에 대한 욕구가 강한 사람이라는 걸 나중에야 깨닫게 되었습니다.

'여자들은 안 받아!'

동아리에 들어가겠다고 했을 무렵, 저는 아무도 뛰어들지 않은 얼어붙은 바다 위를 뛰어든 '퍼스트 펭귄'이었습니다. 퍼스트 펭귄은 천적을 피해 얼음 위에 모여 있던 펭귄 무리 중 맨 처음 바다로 뛰어드는 펭귄을 일컫는 말입니다. 이 용감한 펭귄은 다른 펭귄들에게 바다가 안전하다는 신호를 보냅니다. 누군가는 반드시 그 첫 번째가 되어야 하죠. '여자라서 안 된다'는 말이 오히려 도전 의식을 불러일으켰던 것 같아요. 얼음 위에서 망설이기보다 바다로 가장 먼저 뛰어들고 싶었습니다.

'열려라! 참깨'의 마음으로 계속 문을 두드리자 드디어 문이 열렸어요. 그렇게 일원이 되어 활동한 팬다스에서 저는 매주 토요일 아침 운동장에 모여 경기하고, 식사하고, 헤어지는 루틴에 함께 했습니다. 저와 함께 입단한 두 명의 여성 멤버들은 회원들이 경기할 때 기록을 담당하고 매니저 역할을 맡았어요. 아무도 시키지 않았지만, 회원 명부를 만들고 동아리 활동을 정리하는 등 할 수 있는 일을 자발적으로 기획하고 실천에 옮겼습니다. 그렇게 한 학기가 지난 후 종강 파티에서, '난 여자아이들 들어오면 탈퇴할 거야!'라며 강력히 반대했던 BJ가 다가와 말하더군요.

"반대해서 미안했어. 너희가 합류하니 동아리가 더 좋아졌어."

대학 시절 내내 팬다스 활동은 저에게 큰 기쁨이었습니다. 무엇보다 사람들이 좋았습니다. 소수의 인원이다 보니 서로의 고민과 생각을 잘 나누었고, 그들과 소통하고 관계 맺는 것이 즐거웠어요. 누군가 시켜서 하는 일이 아닌 스스로 선택한 일이었기에 더 신이 났죠. 그렇게 열심히 하는 제 모습을 보며 동기와 후배들은 아낌없는 지지와 응원을 보내주었습니다.

만약 동아리에 합류하겠다는 도전을 포기했다면 이 소중한 인연들을 40년 가까이 이어올 수 있었을까요? 이후 저는 2016년에는 팬다스 창립 30주년 기념 홈커밍 데이에 참석했고, 곧 40주년 기념행사도 기다리고 있습니다.

　시작도 해보지 않고 포기했다면, 이후는 어떻게 흘러갔을까요? 그때의 작은 성공 경험 덕분에 저는 이후로도 '일단 해보자'는 도전 정신을 갖게 되었습니다.

　퍼스트 펭귄 역할은 결코 쉬운 일이 아닙니다. 차가운 얼음 같은 미지의 바다로 뛰어드는 그 순간의 두려움과 고독은 말로 표현하기 어렵습니다. 특히 여성에게는 그 도전의 잣대가 더 가혹할 때가 많죠. 사회의 편견이라는 더 두꺼운 얼음층을 깨고 뛰어들어야 하기 때문입니다.

　그럼에도 불구하고, 저는 그 순간의 도약이 가치 있음을 깨달았습니다. 내가 뛰어든 차가운 바다는 점차 따뜻해졌고, 내 뒤로 다른 펭귄들도 용기를 내어 뛰어들기 시작했으니까요.

　우리는 모두 살면서 퍼스트 펭귄이 되어 도전할 것인지, 현재에 머무를 것인지 선택의 순간을 마주합니다. 물론 모든 도전이 첫 술에 배부르지는 않죠. 실패하고, 또 도전하는 과정을 반복해야 할 수도 있습니다. 하지만 그 과정을 통해 우리는 더 소중하고 의미 있는 시간을 만들게 됩니다.

　내가 지금 포기하고 있는 것은 무엇입니까? 내가 뛰어들 수 있는 차가운 바다는 무엇입니까?

　그것이 무엇이든, 용기 내어 첫발을 떼어보길 희망합니다. 그 작은 도약이 당신의 인생에서 가장 소중한 '언락(Unlock)의 순간'이 될 것입니다. 그리고 당신의 용기는 반드시 다른 이들에겐 영감의 순간이 될지도 모릅니다. 기억하세요. 모든 변화의 시작에는 언제나 퍼스트 펭귄이 있다는 사실을요.

 내 안의 이야기

당신이 뛰어들고 싶은 차가운 바다는 무엇입니까?

내 감정에
충실하고 싶은
마음

이성에게 설렘을 느낀 지 참 오래되었습니다. 고등학교 입학 전 동네 학원에서 만난 친구 중 유독 한 남자아이에게 느꼈던 설레는 감정이라든가, 대학 시절 우연히 길에서 마주친 자연과학과 남자 동기에 깊이 빠져 혼자 속앓이를 했던 첫 짝사랑의 기억. 풋풋한 감정들을 다채롭게 표현하던 그런 시절이 저에게도 있었습니다.

"나 저 사람 참 좋아"
"또 시작이구나. 이번엔 누구야?"
친구들과 수시로 나누던 우리만의 대화 패턴이었습니다.

'금사빠'라는 유행어가 있습니다. '금방 사랑에 빠지는 사람'의 줄임말로, 누군가에게 쉽게 한눈에 반해버리는 사람을 일컫습니다. 금사빠의 특징은 처음 만난 사람에게 묻지도 따지지도 않고 느낌만으로 호감을 느낀다는 것입니다. 빠르게 사랑에 빠지는 만큼 금방 사랑에서 빠져나오기도 합니다. 저도 금사빠였던 시절이 있었습니다. 물론 인간관계가 첫인상만으로 결정되지 않음을 잘 알고 있었습니다. 그럼에도 저에게 첫 느낌, 첫인상은 의사결정에 큰 영향을 미치는 것 같습니다. 예상치 못한 어떤 순간, 호감이 번개처럼 스치는 그 찰나의 순간이 선택에 결정적 역할을 하곤 했으니까요.

고등학교 입학 무렵, 속독학원에서 만난 친구가 있습니다. 저는 금테 안경 너머로 빛나는 눈빛과 날카로운 윤곽이 그려내는 지적인 아우라에, 첫눈에 마음을 빼앗겼어요. 그 정제된 이미지는 마치 잘 깎인 연필처럼 내 기억에 선명한 자국을 남겼습니다. 세월이 흘러 대학의 문턱을 넘었을 때, 또 한 명의 남자가 내 시선을 사로잡았습니다. 짙고 두꺼운 숯검정 눈썹을 가진 압도적인 매력의 소유자였어요. 대학교 3학년 때는 학생 식당에서 우연히 눈이 마주쳤던 토목공학과 2년 선배의 어른스럽게 잘생긴 외모에 반해 한참을 혼자 좋아하기도 했습니다. 유럽으로 배낭여행을 갔을 때도, 낯선 타국 그리스에서 만났던 연극을 하던 A 대학 영문과 82학번 선배를 좋아했어요. 그의 긴 머리에서 자유로운 영혼을 느껴 프랑스에서 한국으로 발렌타인 초콜릿을 보내며 마음을 전달했던 기억도 있습니다. 돌아보니 저의 젊은 시절은 완벽한 금사빠였습니다. 이성에 대한 호감은 요즘 말하는 '뷰카(VUCA : 변동적이고, 불확실하고, 복잡하고, 모호한 사회·경제적 환경을 가리키는 용어)' 같습니다. 예측할 수 없고, 불확실하며, 좋아하는 이유도 모호하니까요. 짝사랑이란, 이렇게 예고 없이 찾아와 느닷없이 마음의 풍경을 바꿔놓곤 했습니다.

저는 문득 찾아온 마음을 주저 없이 상대에게 전달하는 편입니다. 감정을 표현하되, 결과에 대한 기대는 품지 않는 편이고요. 거절의 순간에도 상대의 의사를 깊이 존중했죠. 물론 홀로 남겨진 시간, 이별을 노래하는 가사 한 구절마다 내 이야기처럼 다가와 가슴을 적시기도 했지만, 그것조차 삶의 일부로 받아들이곤 했습니다.

어쩌면 인생의 다양한 도전 속에서 거절에 대한 두려움이 적은 것은 청춘 시절 쌓아온 감정적 회복력 덕분일지도 모릅니다. 그렇게 저는 늘 마음에 드는 사람에게 주저 없이 제 감정을 표현하는 사람입니다.

최근 이런 제 행동 패턴의 근원을 발견하는 신기한 경험을 했습니다. 제인 오스틴의 소설 『오만과 편견』의 둘째 딸 엘리자베스 베넷을 통해서입니다. 어릴 적 저는 영화 〈오만과 편견〉에서 엘리자베스의 독립적이고 자기 주도적이며 당당한 모습에 깊은 감명을 받곤 했어요. '나도 저렇게 살고 싶다. 좋아하는 남자도 내가 선택하고 싶다'는 열망이 무의식 속에 깊이 각인되어 있었다는 걸 뒤늦게 깨달은 겁니다. 금사빠를 넘어 먼저 좋아한다고 고백했던 이유가 여기 있었다니. 사실 엘리자베스 베넷은 저의 롤모델이기도 합니다.

돌이켜보면 전 제 마음을 알아봐 주고 그 감정을 속이고 싶지 않다는 마음, 감정에 충실해지고 싶다는 마음이 거절에 대한 두려움보다 앞섰습니다. 그때는 그랬었습니다. (물론 지금은 준비가 안 된 상대는 갑작스러운 고백에 당황할 수도 있었겠다는 생각도 할 줄 아는 나이가 되었습니다.)

돌아보니 어린 시절부터 제 삶의 주인은 '나 자신'이라는 인식을 품고 살아왔습니다. 이 믿음은 내면 깊숙이 뿌리 내려 삶의 방향을 스스로 설계하는 원동력이 되었습니다. 하지만 사회에 뛰어든 후, 한때 말랑말랑했던 제 마음이 수많은 경험이라는 파도에 부딪혀 점차 단단하게 굳어가는 것을 느낄 때면 왠지 모를 아쉬움이 밀려옵니다. 아직 싱글인 저는 여전히 가슴 설렘에 대한 동경이 있습니다. 이제는 점점 선택할 수 있는 폭이 줄어듭니다. 총량의 법칙처럼 소개팅도 수십 차례, 짝사랑도 수십 차례 충분히 누군가를 마음에 담아보았으니 이성에 대한 총량을 다 써 버린 걸까요? 옛날 생각을 하다 보니 그 사람들은 지금 어디에서 잘살고 있을까 궁금해지네요.

 내 안의 이야기

당신의 삶에서 주도성을 가장 강하게 느꼈던 순간은 언제였나요?

두드리지 않는 문은
절대 열리지
않는다

가슴속에서 무언가를 해보고 싶다는 열망이 일어나면 망설임을 버리고 기꺼이 뛰어드는 편입니다. 두려움을 깨는 용기. 전 아직도 어디에서 그런 용기가 생겼는지 모릅니다. 돌이켜보면 제 삶의 가치 있는 선택들은 모두 안전지대를 벗어난 도전에서 피어났습니다. 안전한 길 대신 도전을 선택한 그 결정적 순간들이, 제 삶의 터닝포인트가 되곤 했으니까요.

결심하고, 용기 내어, 도전하는 이 세 단계의 과정이 가능했던 이유는 낯선 세계에 대한 두려움보다 가능성에 대한 기대가 더 컸기 때문입니다. 첫발을 내딛는 순간, 미지의 길은 호기심으로 가득 찬 모험이 되고, 쓰러짐조차 값진 자산이라는 '성장 마인드셋'이 제 안에 있었습니다. 인생 무대에서 1막을 차지했던 정치권 17년도, 이런 용기 있는 첫걸음으로 시작되었습니다.

호주 유학 시절, 시드니의 매쿼리 대학교(Macquarie University)에서 인터내셔널 커뮤니케이션(International Communication) 석사 학위를 취득한 후, 지도교수였던 필립 벨(Phillip Bell) 교수와 함께 박사 과정을 계획했습니다. 그 무렵 뉴사우스웨일스 대학교(UNSW)에 미디어 학과가 신설되었고, 지도교수가 그곳으로 자리를 옮기면서 저도 함께 UNSW에서 박사 과정을 시작하게 되었습니다. 박사 논문 주제 선정은 비교적 수월했는데, 대학원 시절부터 '캠페인'에 관심이 있어, 사회적 캠페인이나 광고 캠페인 쪽으로 방향을 잡았습니다.

마침, 한국은 '제15대 대통령 선거'를 앞두고 있던 때였습니다. 97년 대선은 민주화 이후 최초로 여당에서 야당으로 정권이 교체된 선거로, 한국 민주주의 발전의 중요한 이정표가 되었던 선거였죠. 당시 여당 '신한국당'과 야당 '새정치국민회의' 간의 치열한 경쟁이 펼쳐졌으며, IMF 외환위기 속에서 국민의 경제적 어려움과 정치적 변화에 대한 열망, 문화정책 등 다양한 이슈가 반영된 선거에 해외에서도 큰 관심이 모아지고 있었습니다.

저도 자연스레 정치에 관심이 높아졌습니다. 특히 선거 캠페인에 큰 관심이 있었어요. 정치권을 국가의 리딩 그룹이라 생각했던 저는 그곳에서 일해보고 싶다는 열망이 생겼고, 필립 벨 교수와 '한국의 정치 캠페인 관련 논문' 작성에 대해 상의했습니다. 필립 벨 교수는 이 연구를 적극 지지해 주었습니다. 질적연구 방법론 중 참여관찰을 추천해 주었고, 학교에서 이를 위한 비용 지원도 가능하다고 조언해 주었죠. 참여관찰은 연구자가 직접 연구 대상 집단에 참여하여 관찰하고 기록하는 방법입니다. 저는 이 방법이 선거 캠페인 과정을 심층적으로 이해할 좋은 기회라고 생각했습니다. 선거 캠페인에 관한 풍부한 자료를 수집하고, 기존 연구의 사각지대에 숨겨진 새로운 통찰을 발견할 수 있으리라는 생각에 기대가 부풀어 올랐습니다.

드디어 97년 중반 '참여관찰'을 위해 한국으로 돌아왔습니다. 사실 정치권과는 어떤 연결고리도 없었고 진입 방법조차 불투명했어요. 하지만 선거 캠페인의 생생한 현장을 직접 목격하고, 그 역동적인 과정과 참여자들의 상호작용, 의사 결정 메커니즘을 날것 그대로 담아내고 싶다는 강한 열망이 저를 무작정 귀국행 비행기로 이끌었습니다.

인사차 모교 교수들을 방문했을 때, 김용은 강원대 불문과 교수와 한국 복귀 배경과 논문 진행 과정의 고민을 나누게 되었습니다. 김 교수는 인문사회대학교 정치외교학과의 신뢰할 만한 교수를 소개하며, 그를 통해 현 정치 지형에 관한 도움을 얻을 수 있다고 조언했습니다. 추천해 준 교수와의 심도 있는 대화 이후, 저는 세 정당의 문을 직접 두드려 보기로 했습니다.

지금이야 선거철 자원봉사 개념이 자리 잡아 많은 사람이 참여하고 있지만, 당시만 해도 연고 없는 낯선 사람이 '참여관찰 할 수 있을까요?'라고 묻는 일은 굉장히 생소한 일이었습니다. 지구당이나 후원자 등 연줄에 의해 정당에 발을 들여놓던 시절이었고, 특히 야당은 공채라는 개념조차 없었던 시절이었죠. 색깔론, 북풍 조작, 네거티브 전략이 난무하던 그 시기에는 외부인에 대한 개방이 제한적이어서 낯선 사람에 대한 경계심도 상당했습니다.

일단 도전해 보기로 마음먹은 저는 세 정당에 문을 두드리기 시작했습니다. 하지만 당시 한나라당에서는 담당자가 바쁜 일정 탓인지 전화 연락조차 닿지 않았습니다. 국민신당 관계자와는 당사에서 면담할 수 있었으나, 그들의 뚜렷한 경계심이 대화 내내 장벽처럼 느껴졌죠. 마지막으로 새정치국민회의 당사를 방문했을 때, 운명적인 만남이 기다리고 있었습니다. 당시 기조실을 이끌던 이용희 기조실장과의 첫 대면이 이루어진 것입니다. 여의도의 한 호텔 2층 커피숍에서 만난 이용희 실장은 조용하지만 날카로운 분위기를 풍겼습니다. 제 참여관찰 취지를 들으신 후, 정동영 대변인에게 직접 전화를 걸어 저를 연결해 주었습니다. 다음 날, 저는 정동영 대변인과 첫인사를 나누고 곧바로 실무 현장에 투입되었습니다. 아직도 생생한 97년 11월 3일. 드디어 대변인실 유용규 국장 지도로 자원봉사자로서 담당 업무를 배정받아 참여관찰을 시작했습니다.

돌이켜보면 필립 벨 교수를 시작으로 김용은 교수, 정치외교학과 교수, 이용희 실장, 정동영 대변인, 유용규 국장까지 인생의 중요한 지점마다 소중한 인연들의 도움이 함께하곤 했습니다. 이분들은 어떤 대가나 보답을 기대하지 않으시고 순수한 마음으로 응원과 지지, 기대를 보내주었습니다. 저는 그 감사한 마음으로 맡은 일에 최선을 다하려고 노력했습니다.

어쩌면 귀한 인연은 도전이 가져온 행운이었습니다. 실패를 두려워하지 않는 마음, 굳게 닫힌 문을 열려는 도전 의지가 좋은 운을 불러온 것 같습니다. 어떤 문을 열어야 할지 확신이 없었지만, 그저 떨리는 손과 마음으로 일단 그 문을 여는 것이 중요합니다. 용기를 내어 문을 열자 마치 저를 기다렸다는 듯이 좋은 사람들이 나타났고, 저는 시간과 상황의 흐름 속에서 파도를 탈 수 있었으니까요.

용기란 거창한 것이 아닙니다. 손을 뻗어 내 앞에 있는 문의 손잡이를 잡는 작은 행동. 이것이 용기의 시작이라는 것을 지난 경험에서 깨닫습니다. 지금 문 앞에서 망설이고 있나요? 어떤 두려움이 방해하고 있나요? 우선 그 문 앞으로 다가가 용기 내어 손을 뻗어 보시기를 바랍니다.

🗝 **내 안의 이야기**

지금 내가 열고 싶은 문은 무엇인가요?

때론
축적의 시간이
필요합니다

"여기서 어떻게 일하게 되었어요?"

정당에서 일하는 동안 가장 자주 받던 질문 중 하나입니다. 그 질문 속에는 소위 운동권 출신도 아닌 듯한데 어떻게 진보 진영에서 일하게 되었을까, 혹은 든든한 배경이 있는가 등 다양한 의미가 내포되어 있었습니다.

많은 일이 그렇듯, 의지가 있다고 해서 꼭 내가 결정한 대로 일이 진행되지는 않습니다. 마치 요리처럼, 좋은 레시피가 있어도 예기치 않은 맛의 요리가 나오는 것과 같습니다. '나의 의지'라는 기본 재료 한 스푼에 '주변의 환경'이라는 여러 재료가 더해져 완성된 음식 같다는 느낌입니다. 기대하지 않았는데도 맛있는 음식에 그릇을 싹싹 비워 낼 때 느끼는 그 희열과도 비슷합니다.

1997년 11월 3일부터 12월 18일 선거 기간 동안 대한민국 정치의 큰 획을 그은 '제15대 대통령 선거'라는 역사적 순간들을 새정치국민회의 대변인실에서 자원봉사자로 참여하며 경험했습니다. 그 어느 선거보다 역동적이고 중요한 이슈들이 많았던 선거였죠. 선거 결과는 드라마틱했습니다. 새정치국민회의 김대중 대통령 후보가 한나라당 이회창 후보를 1.53%, 390,557표 차로 이기며 대한민국 제15대 대통령에 당선되었습니다. 그야말로 극적인 승리였습니다. 선거 승리 후 기분 좋게 다시 호주로 돌아갈 계획이었지만, 인생은 늘 그렇듯 계획대로 흘러가지 않았습니다. 크게 두 가지 이유로 한국에 남기로 했습니다.

  하나는 선거에서 승리하자 정당이 예상치 못하게 바빠졌고, 인수위가 꾸려져 정신없이 청와대 입성을 위해 준비를 해야 했습니다. 공식 선거가 끝났으니 그만 나오겠다고 이야기할 틈도 없이 하루하루가 바쁘게 흘러갔죠. 만년 야당에서 처음으로 여당이 되었기에 경험도 부족했고, 일손도 한 명 한 명이 귀한 상황이었습니다. 두 번째 이유는 더 강력했습니다. IMF가 한국을 강타했고, 저 역시 그 영향에서 자유롭지 못했습니다.

  마침 호주로 돌아가야 할 무렵, 당은 여당으로서 첫 공채를 통해 인재를 채용할 준비로 분주했습니다. 선거를 준비하는 과정에서 의미 있고 재미난 경험을 많이 했기에 '함께 일하자'는 제안에 기꺼이 응할 수 있었습니다. 그렇게 갑작스럽게 떠났던 유학길을 또다시 갑작스럽게 정리하게 되었습니다.

 삶은 불확실성 속에서 어떤 선택을 하는가의 연속입니다. 가벼운 마음으로 시작된 저의 정치권에서의 경력은 이후 노무현 대통령 서거 이후 노무현재단까지 이어져 정치와 행정 분야에서만 17년의 긴 여정을 걸어왔습니다. 이렇게 될 줄은 미처 상상하지 못했던 일이었습니다. That's life!

 만약 호주로 돌아가 학업을 이어가는 것을 선택했더라면 저는 지금 어디쯤 있을까 생각해 봅니다. 그 길도 찬란했겠지만, 지금의 길은 더욱 아름답습니다. 우리의 삶이 어떻게 흘러갈지 모르기에 어쩌면 희망과 용기가 필요한 것이 아닐까요.

 그렇게 저는 당직자가 되었습니다. 정권을 잡은 '새정치국민회의'는 역사 속으로 사라지고, 2000년 1월 김대중 대통령을 총재로 추대하며 '새천년민주당'으로 확대 재편되는 창당 과정을 맞이했습니다. 이 시기에 저는 창당을 준비하며 대외협력부로 잠시 옮겨 일을 도왔고, 이후 대변인실에서 5년간 정당 생활을 이어갔습니다.

 여당의 대변인실에서 5년간 일하면서 저는 맥락과 흐름의 중요성을 배웠습니다. 처음에는 정치권의 흐름을 제대로 이해하지 못해 매우 답답했습니다. 제가 몸담게 된 진보 진영은 대부분 민주화 운동의 경험이 있는 이들로 구성되어 있었지만, 저는 같은 세대임에도 대학 시절 직접적인 참여 대신 멀리서 응원하는 정도의 관심만 가졌었습니다.

정치권에 처음 문을 두드렸을 때도 단순히 학업의 연장선에서 바라본 선택이었던 터라 입당 후에야 비로소 정치의 실제 흐름과 정치인들의 세계를 알게 되었습니다. 처음에는 이러한 실무 경험 부족이 크게 문제가 되지 않았으나, 당직자로서 본격적인 활동을 시작하면서 경험의 결핍은 내가 반드시 극복해야 할 현실적 과제로 다가왔습니다.

정치는 사람이고 흐름입니다. '정치는 생물이다'라는 표현을 많이 쓰는데, 이는 정치 현상이 생물처럼 끊임없이 변화하고 진화하며, 시간과 상황에 따라 예측하기 어려울 정도로 유동적이기 때문입니다. 그것을 해결하는 것 역시 사람입니다.

처음에는 정당 생활 중 느끼는 불편함의 정체를 정확히 짚어내지 못했습니다. 대화의 흐름을 따라가기가 어려워지면서, 비로소 깨달았습니다. 제가 이 세계의 맥락을 제대로 이해하지 못하고 있다는 것을요. 그럼에도 조급해할 필요가 없었습니다. 서두른다고 해서 선배들이 수년에 걸쳐 쌓아온 경험과 지혜를 단번에 따라잡을 수는 없는 일이니까요. 그래서 저는 꾸준히 사람들과 관계를 맺으며 배움의 시간을 쌓았습니다. 그러다 보니 어느 순간, 그 맥락과 흐름 속에서 조금씩 편안해지는 저를 발견하게 되었습니다. 축적의 시간이 필요했던 것입니다!

우리 모두의 삶에는 축적의 시간이 필요합니다. 지금 새로운 환경에서 낯섦을 마주하고 있나요? 조급해하지 마세요. 불편함을 회피하기보다 온전히 경험했으면 좋겠습니다. 그 감각이야말로 성장의 신호입니다. 시간이 흐르면 어느 순간, 그 낯설던 흐름 속에 자연스럽게 녹아든 자신을 발견하게 될지도 모릅니다. 모든 전문성은 꾸준한 축적의 결실이며, 모든 편안함은 한때의 불편함을 인내한 대가인 것을요.

 내 안의 이야기

오늘 여러분이 견디고 있는 불편함은 내일의 어떤 성장으로 이어질까요?

대통령 코치를 향한 여정

"코치님은 어떤 계기로 전문 코치가 되셨나요?"

이 질문을 받을 때마다 자연스레 미소를 짓게 됩니다. 출입국 신고서나 공식 서류의 직업란에 당당히 '전문 코치'라고 적는 지금, 돌이켜보면 코칭은 제 삶의 터닝포인트가 되어주었습니다.

인생을 하나의 장대한 연극으로 바라본다면, 지금 저는 3막을 펼쳐가는 중입니다. 각 장마다 겪었던 그 모든 경험이 오늘의 나를 만들어 냈습니다.

1막은 사회로 내디딘 첫 발걸음이었습니다. 대학 졸업장을 손에 쥐고 작은 무역회사에서 직장 생활을 시작했습니다. 그 후 유학 세계를 경험한 후에는 정당과 행정부로 진로를 바꾸어 공직의 세계를 탐험했어요. 특히 노무현 대통령 재임 5년 동안 청와대 부속실 행정관으로 일했던 시간은 인생의 방향을 완전히 바꿔놓은 결정적 순간이 되었습니다. 국가 최고 지도자 곁에서 리더십의 무게와 깊이를 목격한 경험은 평생 잊지 못할 경험을 선물했습니다.

이어진 2막은 동작구청이 전액 출자하여 설립한 '동작구어르신행복주식회사'의 대표이사로 활동했던 시기입니다. 조직의 경제적 성과와 사회적 가치의 균형을 찾아가며 경쟁력을 쌓던 시기였어요. 다양한 이해관계자들과 소통하고, 제한된 자원으로 최대의 효과를 창출하기 위해 고민했던 순간들이 이제는 소중한 자산이 되었습니다.

그리고 지금, 저는 삶의 3막의 한가운데 서 있습니다. 전문 코치로서 타인의 성장과 변화를 돕는 여정을 걷고 있죠. 지난 시간 축적한 경험의 층위가 지금의 코칭 활동에 깊이와 넓이를 더해주고 있음을 느낍니다.

제가 리더십 코칭에 깊은 관심을 갖게 된 것은 청와대에서의 경험이 결정적이었습니다. 노무현 대통령 내외를 보좌하며 부속실 행정관으로 보낸 5년은 리더십의 현장을 가장 가까이에서 관찰할 특별한 기회였습니다. 퇴임 후에는 '전직대통령 예우에 관한 법률 시행령'에 따라 봉하마을로 귀향하신 노무현 대통령 내외의 비서관으로 일하며 또 다른 차원의 리더십을 경험했습니다.

청와대에서 근무하는 동안 저는 수많은 사람이 공적, 사적으로 대통령과 만나는 순간들을 지켜보았습니다. 국무총리를 비롯한 행정부, 입법부, 사법부의 고위 인사들, 다양한 분야의 전문가들, 각종 단체와 기관의 대표자들, 그리고 대통령의 지인들까지 모두가 자신의 렌즈를 통해 최선이라고 생각하는 조언을 대통령께 드리곤 했습니다.

당시에는 미처 깨닫지 못했지만, 세월이 흐르고 경험이 쌓이면서 보이는 것들이 있습니다. 그 시절을 되돌아보니, 그 모든 의견과 조언의 중심에 서 있던 리더의 내면은 어떠했을지 이제야 조금 이해할 수 있을 것 같습니다. 국가 최고 리더로서의 사명감, 결정의 고독함, 끊임없는 내적 고뇌…. 결코 가볍지 않은 짐이었을 것입니다. 그 무게를 흐릿하게나마 헤아려 보니 가슴이 먹먹해집니다.

인생의 중요한 전환점은 종종 예상치 못한 순간에 찾아옵니다. 제가 코칭이라는 새로운 세계를 만난 것도 그런 우연한 계기였습니다.

"선배, 저와 코칭 해보실래요?"

어느 평범한 저녁, 청와대에서 함께 일했던 후배와 함께 식사하며 일상의 고민을 나누던 중이었습니다. 당시 코치 자격증을 준비하던 후배는 코칭을 제안했어요.

코칭이 정확히 무엇인지, 심리 상담과는 어떻게 다른지, 어떤 과정으로 진행되는지 아무것도 모른 채, 호기심과 후배와 함께 나누고 싶은 마음에 즉시 수락했습니다. 그렇게 시작된 5회에 걸친 코칭. 이때의 경험을 통해 코칭이란 자신이 원하는 목표를 향해 움직이고 성취해 나가도록 도와주는 과정임을 체험했습니다. 그 경험은 제 안에 깊은 울림을 남겼고, 저 또한 타인의 성장을 돕고 지원하는 일에 본질적인 기쁨을 느끼는 사람이라는 것을 발견하기도 했죠.

코칭을 본격적으로 배우기 시작한 시기는 '동작구어르신행복주식회사'의 대표이사로 임기를 막 시작하던 때였습니다. 동작구청이 전액 출자하여 설립한 이 회사는 동작구 어르신들의 일자리 창출을 통해 복지를 실현하고자 하는 사회적 미션을 가지고 있었어요. 6년 8개월의 재임 기간 동안 코칭 리더십을 조직 경영에 적용하며 구체적인 성과를 창출했고, 이 과정에서 코칭의 실질적인 가치와 힘을 몸소 경험할 수 있었습니다.

동작구어르신행복주식회사 대표이사직은 임기가 정해진 일이었습니다. 자연스레 다음 단계를 고민하던 중 운명처럼 '대통령의 코치가 되고 싶다'는 생각이 떠올랐습니다. 왜 하필 '대통령의 코치'였을까요? 청와대에서의 경험이 이런 비전을 품게 한 것은 분명합니다. 국가 최고 리더의 곁에서 일하며, 그 자리의 무게와 고독함을 간접적으로나마 목격했기 때문입니다. 한 나라의 리더가 중요한 결정을 내리는 과정에서 진정으로 믿고 의지할 수 있는 코치가 있다면, 그것이 국가와 국민에게 얼마나 큰 자산이 될지 상상해 보았습니다.

이 비전을 현실로 만들기 위해서는 현장 경험뿐 아니라, 탄탄한 이론적 기반이 필요하다고 판단했습니다. 결심이 서면 즉시 실행에 옮기는 편인 저는 '국민대학교 경영대학원 리더십과 코칭 MBA' 과정에 바로 지원했습니다. 대학원 면접장에서도 "대통령의 코치가 되기 위해 입학하고 싶습니다"라고 주저 없이 밝혔을 만큼, 저의 열망은 확고했습니다.

일과 학업을 병행하며 2년간 매주 토요일마다 캠퍼스로 향하는 여정은 결코 쉽지 않았어요. 그럼에도 이 선택은 제 인생에서 가장 빛나는 결정 중 하나로 자리 잡았습니다. 코칭의 이론적 토대와 실전 경험을 체계적으로 구축해 가는 과정은 그 자체로 값진 여정이었고, 경영 현장에서 마주하는 도전들에 새롭게 배운 경영학적 지식과 리더십 이론을 즉시 적용하며 그 효과를 직접 확인할 수 있었습니다.

제가 대학원에 입학할 당시만 해도 한국에서 국제 코치 자격을 인증하는 기관은 손에 꼽을 정도였습니다. 국민대학교 리더십과 코칭 MBA 과정은 국내 학위 과정 최초로 '국제코칭연맹(ICF)'과 '(사)한국코치협회'의 인증을 모두 획득한 프로그램이었고, 이곳을 선택한 결정적인 이유이기도 했습니다. 이 과정을 통해 대학원 졸업 전에 (사)한국코치협회의 KPC(Korea Professional Coach) 자격과 국제코치연맹의 PCC(Professional Certified Coach) 자격을 모두 취득할 수 있었으니까요.

스티브 잡스 등의 숨겨진 스승, 빌 캠벨에 관한 책 『빌 캠벨, 실리콘밸리의 위대한 코치』에는 "훌륭한 관리자가 되기 위해서는 좋은 코치가 되어야 한다"고 말합니다. 직급이 올라갈수록, 다른 사람이 성공하도록 도와주는 것이 결국 자신의 성공으로 이어진다는 것입니다. 이는 모든 차원의 리더십에 적용되는 보편적 진리입니다.

저의 비전 보드에는 '1조 달러 가치의 대통령 코치가 된다'라는 문구가 적혀 있습니다. 청와대에서 근무한 경험으로 볼 때, 대통령의 코치가 현실적으로 쉽지 않은 길임을 누구보다 잘 알고 있습니다. '대통령의 코치'라는 표현은 어쩌면 상징적일 수도 있습니다.

그럼에도 한 나라의 리더에게 진정한 파트너로서의 코치가 함께한다면 그것이 가져올 변화와 가치는 상상을 초월할 것입니다. 코치형 리더십으로 국가와 국민을 건강하고 행복하게 이끌 수 있는, 진정으로 위대한 리더가 나오길 마음 깊이 소망합니다.

언젠가 '저는 대통령의 코치입니다'라고 당당히 소개할 그날을 꿈꾸며 오늘도 걸음을 내딛습니다. 그 순간이 올 때까지 저는 하루하루 성장하는 코치로서 이 여정을 이어갈 것입니다. 청와대에서 얻은 특별한 통찰과 코칭의 변화 촉진력을 결합하여, 리더들이 자신의 잠재력을 온전히 꽃피울 수 있도록 돕는 것, 그것이 바로 제가 그려온 코치로서의 궁극적 소명입니다.

나도
킹 메이커?!

　　정치 세계는 화려한 조명 아래 선 인물들과 그 뒤에서 묵묵히 승리를 설계하는 사람들로 이루어집니다. 제가 경험한 정치 17년의 시간은 바로 그 무대 뒤에서 두 명의 대통령 당선을 돕는 역할이었습니다.

　　1997년 김대중 후보의 당선 이후 정당에서 일하기 시작해, 2002년 노무현 대통령 당선을 경험하며 당직자로서 의미 있는 정치 경험을 축적했습니다. 대변인실에서 4년의 세월을 쌓아가던 중, 16대 대통령 선거라는 또 하나의 역사적 순간을 맞이했습니다. 당에서는 2002년 2월부터 3개월간 진행된 경선에서 특히 노무현 후보와 이인제 후보 간의 치열한 경쟁이 펼쳐졌습니다. 노무현 후보는 인터넷 지지층인 '노사모'의 열렬한 지지를 받고 있었고, 이인제 후보는 당내 실세 및 기성 정치인들의 지원을 받고 있었습니다.

당 지도부가 전국을 돌며 경선을 지원하는 동안, 후보자들은 경선 레이스에서 각자의 전략을 다하며 뛰었습니다. 저는 대변인실 출입 기자들과 함께 경선장을 돌며 취재를 지원하는 역할을 맡았습니다. 새천년민주당의 치열했던 경선 과정에서 '노사모'의 열정적인 지지를 받던 노무현 후보는 기성 정치 질서를 뒤흔들며 새로운 바람을 일으켰습니다. 결국 노무현 후보가 경선에서 승리하며 대선 후보로 확정되었습니다. 이는 당시 정치 신인이었던 후보가 인터넷과 시민 사회의 열렬한 지지를 바탕으로 기성 정치인들을 제치고 승리한 이례적인 사례로 평가받았습니다. 지금까지도 이런 경선은 없었다고 할 정도로 재미난 축제와 같았죠. 이때 보여준 노사모의 활약과 노무현 후보의 돌풍은 이후 대선 과정에서도 큰 영향을 미쳤고, 한국 정치에 새로운 변화의 물결을 일으킨 역사의 순간으로 남아 있습니다.

당에서는 경선이 진행 중이던 3월 13일, 중앙당 차원의 선거대책위원회를 출범시켰습니다. 경선에서 승리한 후보가 즉시 신속하고 체계적으로 선거를 치를 수 있도록 만반의 준비하고 있었죠. 노무현 후보가 새천년민주당의 공식 대통령 선거 후보로 확정되면서, 그에 맞춤화된 선거 전략을 수립하고 본격적인 선거 국면에 돌입하게 되었습니다.

선거 캠프가 본격적으로 구성된 후, 저는 정무2팀에 배치되었습니다. 정무1팀이 노무현 대통령 후보자를 보좌하는 역할이었다면, 후보자의 배우자를 위한 정무2팀은 권양숙 여사를 수행 보좌하는 팀이었어요. 처음에는 제가 가진 대변인실 경험을 살려 여사의 홍보와 연설문 작성을 담당했으며, 이후에는 수행 보조 업무도 맡게 되었습니다.

사실 제가 처음부터 정무2팀으로 추천받은 것은 아니었습니다. 원래 다른 당직자가 추천받았었죠. 배경은 이렇습니다. 정치 신인인 노무현 후보가 당의 정식 후보가 되었지만, 새천년민주당 내에서는 여전히 주류 정치인들이 주도권을 가지고 있었습니다. 이런 상황에서 노무현 후보가 대선 후보로 선출되자, 당내 주류 세력 중에는 이를 반기지 않는 사람들도 많았고, 당의 분위기 역시 소수만이 후보자를 지지하는 상황이었습니다. 노무현 후보는 정식 후보 확정 이후에도 당내에서 완전한 지지와 환영을 받지 못했고, 처음에 추천받았던 사람은 발령을 고사한 상황이었습니다.

저는 새로운 팀에서 일하고 싶다는 마음이 피어나던 시기였어요. 대변인실에서 함께 일했던 선배가 여사를 보좌하는 정무2팀으로 저를 추천했을 때 새로운 도전에 가슴이 떨렸던 기억이 생생합니다. 마침 정무2팀에도 홍보 업무가 필요했고, 대변인실에서 4년을 일했던 제게는 딱 맞는 일이었습니다. 무엇보다 노무현 후보를 진심으로 좋아했기에 이 기회가 감사했습니다. 이 선택이 제 인생에 새로운 문을 열어줄 것이라는 사실은 그때는 알지 못했습니다.

선거가 본격적으로 시작되었고, 저는 여사가 참여하는 행사의 연설문을 작성하고 대변인실에서 하던 업무를 계속하게 되었습니다. 당시 수행을 담당한 이은희 전 제2부속실장을 대신해 여사 수행을 몇 차례 맡았는데, 이때 여사님은 제 업무 스타일을 눈여겨봤던 것 같습니다.

특별한 인맥 없이 순전히 당의 인사 발령으로 합류하게 된 정무2팀은 제 커리어의 중요한 전환점이 되었어요. 이곳에서의 경험이 밑거름되어, 노무현 후보가 대한민국 제16대 대통령으로 당선된 이후에는 청와대 부속실에서 대통령 내외를 모시는 중책을 맡게 되었으니까요.

아직도 그 순간이 선명하게 기억납니다. 선거 승리 후 공식 선거대책위원회는 12월 19일에 해단했고, 저 역시 당 대변인실로 복귀했습니다. 97년 대선 때와 마찬가지로, 2002년 대선 후에도 선거가 승리하자 정권 인수위가 꾸려지며 더 바빠졌습니다. 내각과 청와대에 들어갈 인사들의 인선을 위한 물밑 작업이 활발히 진행되는 시기였습니다. 선거 후 첫 주말 오후, 저는 모처럼 여유를 즐기며 종로3가 서울극장으로 영화를 보러 가던 길이었습니다. 그때 울린 전화 한 통. 그 전화 이후 저는 인수위 동안 명륜동 사저로 출근하게 되었고, 참여정부의 출발을 함께 준비하는 여정에 동참하게 되었습니다.

두 명의 대통령 당선이라는 무대 뒤에서의 역할은 화려한 스포트라이트를 받는 자리는 아닙니다. 그저 주어진 자리에서 묵묵히 최선을 다하며, 때로는 보이지 않는 곳에서 역사의 순간을 함께 만들어가는 역할이죠.

묵묵히, 조용한 책임감으로 자신의 영역을 가꾸어가는 일.

두 명의 대통령 당선 과정에 참여했던 경험에서 깨달았습니다. 진심으로 현재의 자리를 지키는 사람에게 기회는 예고 없이 찾아온다는 것입니다. 그리고 그 기회가 모여 역사를 바꾸는 한순간을 만든다는 것을요.

🔑 **내 안의 이야기**

당신의 삶에서 누군가의 성공이나 성장을 위해
조용히 기여했던 순간이 있나요?

청와대, 좋은 리더십의 기준을 배우다

　전화 한 통으로 시작된 5년간의 청와대 생활은 긴장의 연속이었습니다. 그 시간을 잘 보낼 수 있었던 것은 좋은 사람들과 함께한 덕분입니다. 특히 제2부속실로 첫 발령을 받아 노무현 대통령과 권양숙 여사 내외를 가장 가까이에서 보좌할 수 있었던 것은 제 인생에 큰 영광의 순간이었습니다. 사람을 대하는 방식에서 존중과 배려를 몸소 실천하는 두 분 덕분에 마음 편히 일할 수 있었습니다.

　누군가를 보좌한다는 것은 그 '누군가'의 성향과 인성, 성품에 직접적인 영향을 받는 일입니다. 어느 조직이든 리더의 스타일에 따라 참모진과 비서진이 느끼는 일의 강도나 스트레스가 달라지게 마련입니다. 상사로 인해 겪는 어려움은 상상을 초월하기도 합니다. 그런 측면에서 그분들과 함께 일하며 마음 편하게 일할 수 있었던 것은 지금 돌이켜봐도 큰 축복이었습니다.

정권마다 조직 운영 체계가 조금씩 다르겠지만 참여정부 시절 청와대는 대통령을 보좌하는 제1부속실과 영부인을 보좌하는 제2부속실로 나뉘었습니다. 부속실은 청와대 본관에 있는데, 제1부속실은 2층, 제2부속실은 본관에 들어가면 바로 보이는 1층 중앙 계단 옆 오른쪽 안쪽에 있습니다. 저의 소속은 제2부속실이었지만 저는 주로 관저부속실에서 본관과 관저를 오가며 공식 일정은 물론 비공식 일정까지 책임졌습니다. 대변인실에서 일하던 제가 부속실로 발령받았을 때는 커리어에 대한 고민이 많았습니다. 청와대에 들어간다면 대언론 창구였던 '춘추관'에서 일하게 될 것으로 생각했기 때문입니다. 그럼에도 모두 가까이서 보좌할 기회는 흔치 않은 일이기에, 저는 즐겁게 제2부속실에서 여사를 보좌하는 일을 시작했습니다. 조직 개편으로 인해 1, 2, 관저부속실까지 모든 부속실을 오가며 일하는 경험도 하게 되었습니다.

공휴일이며 명절 등을 반납하며 열심히 일하던 시절입니다. 대통령 내외가 비서진들이 몰입하며 일할 수 있도록 판을 깔아줬기에 가능한 열정이었습니다. 조직 특유의 위계질서가 존재했지만, 저를 포함해 조직 구성원들은 단순한 지시에 따르는 존재가 아닌, 생각하는 구성원으로 대우받았습니다. 노무현 대통령은 늘 저희의 의견을 묻고 생각을 편안하게 표현할 수 있도록 했는데, 조직의 심리적 안전감을 이미 저희는 경험하고 있었으니, 대통령이 얼마나 리더로서 통찰이 있는지 알 수 있습니다. 거기에는 사람에 대한 진정한 신뢰와 존중, 따뜻한 배려가 흐르고 있었으며, 그것이 구성원들을 자발적으로 움직이게 하는 원동력이었습니다.

　함께 일하는 동료들 또한 일의 참된 기쁨을 느끼게 해주었습니다. 업무 특성상 누구든지 수많은 인사와 마주하게 되었습니다. 모두 저를 예우해 주었지만, 그 이면에는 제 이야기를 통해 대통령 내외의 근황과 의중을 엿보고자 하는 미묘한 기대가 담겨 있었습니다. 대통령 내외와의 공식, 비공식으로 일정을 잡고 싶어 하는 경우도 많았습니다. 그럴수록 귀는 열려있으나 제 입은 굳게 다물게 되었습니다. 모든 말과 행동이 조심스러워질 수밖에 없었죠. 그렇다 보니 함께 일하는 부속실, 의전실, 경호실 등 가까운 동료들과의 교류가 더욱 돈독해질 수밖에 없었어요. 대통령 내외를 곁에서 모시는 공통의 경험이 우리 사이의 대화 주제를 풍성하게 만들었고, 장시간 함께하는 과정에서 일의 고충과 기쁨을 나누며 동료애는 더 진해졌습니다.

　그것이야말로 진정한 팀이었습니다. 단순한 집단이 아닌, 하나의 유기체처럼 움직이는 '팀워크(Teamwork)'였습니다. 5년이라는 시간 동안 서로를 믿고 의지하며 단단한 하나의 팀으로 뭉쳐 함께 걸어갔습니다. 팀의 핵심적인 요소인 공동의 목표는 우리에게 명확했습니다. 노무현 대통령 내외가 임기 동안 국가를 위해 온 힘을 다할 수 있도록 진심으로 보좌하는 책무입니다. 참여정부의 모든 노력이 국민에게 긍정적으로 평가받는 것은 물론, 실질적인 성과로 이어져 국민의 삶이 더욱 편안하고 풍요로워지게 하는 것, 그것이 우리의 사명이었습니다.

그곳에 발을 들인 우리는 모두 한마음 한뜻으로 이 공동의 목표를 향해 혼신의 노력을 다했습니다. 물론 우리의 진심과 별개로, 국민이 바라는 방향과 결과는 다를 수 있습니다. 어느 한쪽의 시선으로 보면 부족한 부분도 분명 존재했겠지만, 일하는 동안 우리의 노력은 진심이었고 각자의 위치에서 최선을 다했습니다. 그 중심에는 늘 노무현 대통령이라는 커다란 리더가 보여준 진정성 있는 '수평적 리더십' 덕분이었습니다. 노무현 대통령과의 경험은 제 안에 리더십에 대한 깊은 통찰을 심어주었고, 이제 저는 그 소중한 지혜를 코칭 현장에서 나누고 있습니다. 특히 리더십 코칭을 진행할 때면, 제가 직접 경험한 진정한 리더십의 본질을 전달하고자 노력합니다.

청와대에서 5년, 봉하마을 전직 대통령비서실에서 일하며 대통령 서거까지 노무현 대통령을 통해 좋은 리더십이 무엇인지 배웠습니다. 공기의 소중함을 모르다가 숨 막히는 상황에서야 깨닫듯, 좋은 리더 옆에서 그 소중함을 너무 늦게 알게 된 점이 못내 아쉽습니다. 제가 한 조직의 리더가 되고 나서야 노무현 대통령의 리더십이 저에게 큰 영향을 미쳤다는 것을 깨닫게 됩니다. 그때의 경험이 씨앗이 되어 코치로서 지금은 수많은 리더를 만나며 '리더십 코칭'의 중요성을 전파하고 있습니다.

　미국 갤럽에는 직원 몰입도(Gallup's Employee Engagement)를 측정하는 'Q12'라는 진단 도구가 있습니다. Q12는 리더십의 효과를 객관적으로 평가하는 탁월한 프레임 워크를 제공합니다. 이 도구는 12가지 핵심 질문을 통해 구성원들이 얼마나 조직에 몰입하고 있는지, 리더십이 얼마나 효과적으로 작용하고 있는지를 측정합니다.

✵ 직원 몰입도 측정을 위한 Q12

Q1. 나는 직장에서 나에게 무엇을 기대하는지 안다.

Q2. 일을 제대로 하는 데 필요한 재료와 장비를 가지고 있다.

Q3. 직장에서 매일 내가 가장 잘하는 일을 할 기회가 있다.

Q4. 지난 한 주 동안 일을 잘했다고 인정 또는 칭찬을 받았다.

Q5. 상사 또는 직장의 누군가가 나를 한 인간으로서 배려한다.

Q6. 직장에 나의 발전을 격려하는 사람이 있다.

Q7. 직장에서 내 의견은 중요한 것 같다.

Q8. 회사의 사명이나 목적은 내 일이 중요하다고 느끼게 한다.

Q9. 동료 직원들은 일을 잘하기 위해 전념한다.

Q10. 직장에 친한 친구가 있다.

Q11. 지난 6개월 동안 직장의 누군가가 나의 발전에 관해 이야기한 적이 있다.

Q12. 지난 1년 동안 직장에서 배우고 성장할 기회가 있었다.

- 『강점으로 이끌어라』 짐 클리프턴/짐 하터 지음, 김영사, 2020년, p113~114에서 발췌

위의 12가지 질문을 통해 직원들의 몰입도를 측정하고, 이를 바탕으로 직원 참여도와 생산성 향상을 위한 조직문화를 구축하는 데 필요한 전략을 수립할 수 있습니다. 간단하지만 강력합니다. 만약 당시 조직의 몰입도, 리더십을 평가한다면, 각 문항에 5점 리커트 척도로 저는 모두 5점을 주고 싶습니다.

지금 돌이켜보면 참여정부 시절 청와대는 몰입도가 강한 조직이었습니다. 물론 청와대라는 특성상 그럴 수도 있겠지만, 리더가 어떤 마음으로 어떻게 조직을 이끄는가가 팀워크를 만들고 팀십(Team Ship)으로 일하게 하는 것이라 믿습니다. 좋은 리더 덕분에 좋은 조직문화를 경험했고, 그것이 리더십의 기준점이 되었습니다.

어느덧 청와대를 떠난 지도 오랜 시간이 흘렀지만, 그곳의 경험은 제 삶에 깊이 새겨져 있습니다. 리더십이란 결국 사람의 마음을 움직이는 일입니다. 화려한 수사나 거창한 비전도 중요하지만, 함께 일하는 사람들이 자발적으로 헌신하게 만드는 진정한 힘은 그들을 인간으로서 존중하고 배려하는 마음에서 비롯됩니다. 노무현 대통령이 보여준 리더십의 핵심은 바로 이것이었습니다.

오늘날 많은 조직에서 리더십을 논하지만, 진정 사람의 마음을 움직이는 리더는 드뭅니다. 복잡한 이론보다 단순하지만 강력한 진

리인 '사람을 사람으로 대하라'를 실천하는 일이 얼마나 어려운지를 알기에, 저는 그 소중한 경험을 간직합니다.

 **내 안의 이야기**

당신의 리더십 기준은 무엇인가요?
당신이 경험한 가장 좋은 리더는 어떤 사람이었나요?
그 기준이 지금 당신의 리더십에 어떤 영향을 미치고 있나요?
또는 배우고 싶지 않은 리더가 있었다면, 어떤 부분 때문이었을까요?

새로운
출발선에서
나를 찾다

　봉하마을의 고요한 아침 햇살이 마지막으로 내 방 창가를 비추던 순간을 기억합니다. 내 삶의 중요한 여정이 끝나고 새로운 출발을 직감하듯 미지의 세계에 대한 설렘은 점점 강해지는 아침 햇살처럼 내 마음속에서 유난히 눈부셨습니다.

　노무현 대통령 내외를 보좌하던 시간을 뒤로하고, 여사님의 배려로 서울에 설립된 '사람사는 세상, 노무현재단'으로 발걸음을 옮기게 되었습니다. 2002년, 노무현 대통령이 새천년민주당 대통령 후보가 되던 그날부터 이어진 인연이 어느덧 10년이라는 시간으로 쌓였습니다. 청와대의 치열했던 나날들과 봉하마을의 또 다른 시간, 모두 노무현 대통령 내외 덕분에 영광의 순간들로 채워진 저의 삶이었습니다.

새로운 출발로 봉하마을과 물리적 거리는 생겼지만, 여전히 조금 멀리서 대통령 내외를 위해 일한다는 본질은 변함없었습니다. 당시 '미래발전연구원'이 운영하던 '노무현시민학교' 프로그램이 사람사는세상 노무현재단으로 이관되는 시점, 저는 노무현시민학교 팀장으로 발령받았습니다.

서울에서 봉하로 내려갔을 때보다, 봉하에서 서울로 다시 올라오는 일은 단순한 이사가 아니었습니다. 수년간 함께 쌓아온 일상과 정들었던 사람들, 그리고 그 모든 추억을 뒤로한 채 떠나는 것은 생각보다 마음의 무게가 무거웠어요. 다행히도 새로운 업무를 시작하기 전 한 달여의 황금 같은 여유 시간이 주어졌습니다.

차곡차곡 쌓여있던 감정과 생각들을 비워내는 시간, 저는 캐나다로 2주간의 홀로 여행을 떠나게 되었습니다. 지금은 왜 하필 캐나다였는지 명확히 기억나지 않지만, 서부에서 동부로, 그리고 마침내 뉴욕의 친구를 만나는 여정은 새로운 출발을 위한 의미 있는 비움의 시간이었습니다.

호주 유학 시절처럼, 저는 여행에서만큼은 철저한 계획보다 즉흥의 매력에 빠져드는 사람이었습니다. MBTI로 말하자면 INFP인데, 여행에서는 P 성향이 두드러져 '파워 P'가 되곤 합니다. 왕복 비행기표와 첫 숙소인 빅토리아섬의 메리어트호텔만 예약한 채 떠난 여행. 나머지는 발길이 이끄는 대로 흘러가게 놔두었습니다.

그렇게 혼자서 밴쿠버 공항에 내린 후 세계에서 여덟 번째 큰 섬인 '빅토리아섬'을 시작으로, 부차트 가든의 경이로운 자연과 밴쿠버의 활기, 재스퍼의 고요, 캘거리의 역동성, 토론토의 국제적 감각, 나이아가라 폭포의 웅장함, 그리고 마지막으로 뉴욕의 친구를 만나기까지 북미 대륙을 횡단하는 2주간의 여정은 10년간의 세월을 정리하고 앞으로의 새출발을 위한 준비 시간이었습니다. 채우기 위해서는 먼저 비워야 합니다. 끊임없이 채우기만 한다면 성찰의 여유도, 진정한 성장도 불가능하기 때문이죠. 혼자 떠난 캐나다 여행은 저에게 그런 의미였습니다. 10년 간의 영광스러운 시간을 비우고, 새로운 경험과 배움을 담을 그릇을 준비하는 성찰의 시간 말이죠.

2011년 8월 1일, 서교동에 있는 노무현재단으로의 첫 출근길. 조용한 봉하마을과는 사뭇 다른 도시의 아침이 저를 맞이했습니다. 공간만 달라졌을 뿐, 익숙한 얼굴들이 저의 새로운 시작을 함께했습니다. 낯선 편안함이랄까. 노무현 대통령의 비서관에서 노무현시민학교 팀장으로, 이제 본격적인 실무의 세계로 발을 들이는 순간이었습니다. 노무현시민학교는 원래 사단법인 미래발전연구원에서 노무현 대통령의 철학과 가치를 계승하고자 설립한 교육 프로그램이었습니다. 대통령 서거 후, 그의 정책과 가치를 배우고자 하는 이들을 위해 운영됐고, 이제 재단의 설립과 함께 더 체계적인 운영을 위해 이관되는 시기였죠. 초대 교장으로는 참여정부 시절 홍

보수석을 지낸 조기숙 이화여대 교수가 함께했습니다.

노무현시민학교 팀장이라는 막중한 책임을 부여받은 저는 단순한 외부적 분석을 넘어, 직접 수강생의 입장에서 교육 현장을 분주히 쫓아다니며 업무를 익혀 갔습니다. 이러한 현장 중심의 경험은 단순한 이론적 이해를 넘어 교육 프로그램의 실질적 효과와 개선점을 체감할 소중한 기회로 작용했습니다. 이는 누구의 지시도, 의무도 아니었습니다. 제게 진정한 배움은 언제나 현장 속에 있었기에 가능한 시도들이었습니다. 맡은 일에 대한 깊은 책임감이 저를 이끌었고, 그 열정은 업무 시간의 경계를 넘어 개인의 시간과 자원까지 기꺼이 투자하게 했습니다.

그중 아침 일곱 시에 문을 여는 '교보문고 북 모닝 클럽'이 기억에 남습니다. 북클럽에서 저는 단순한 청중이 아닌 치밀한 관찰자였습니다. 강연의 내용만큼이나 그것이 전달되는 방식, 청중과의 소통, 심지어 사소한 운영 디테일까지 모든 것이 제게는 소중한 학습 자료였죠.

이 과정에서 깨달은 것은 모든 성장에는 자신의 안전지대를 벗어나는 용기가 필요하다는 것입니다. 비서로서 숙련된 저였지만, 노무현시민학교 팀장이라는 새 역할은 전혀 다른 역량을 요구했습니다. 특히 오랫동안 타인의 목소리를 전달하던 제가 이제는 저 자신의 목소리로 사람들 앞에 서야 하는 일이 많아졌죠.

진정한 성장은 편안함의 테두리를 벗어날 때 시작됩니다. 그리고 그 불편함을 감수할 만큼의 열정이 있다면, 모든 경험은 우리를 더 나은 곳으로 인도하는 나침반이 됩니다.

 내 안의 이야기

그동안 나에게 발견되지 않았던 역량은 무엇일까요?
지금 시점에 개발해야 할 역량은 무엇인가요?

커리어 1막, 마침표를 찍다

"저 그만두겠습니다."

황금 같은 긴 추석 연휴가 끝나자마자 노무현시민학교장과 재단 사무총장에게 면담 신청을 하고 사직 의사를 전했습니다. 추석 연휴와 주말, 연차 휴가까지 합해 총 9일간의 긴 휴가를 보낸 뒤 내린 결정이었습니다. 모처럼 얻은 이 시간은 제 마음을 들여다보기에 더없이 좋은 기회였습니다.

사실 그즈음에는 이미 일을 그만두고 싶다는 마음이 자꾸만 고개를 들고 있었습니다. 휴가에 들어가기 전, 친구에게 "추석 연휴 끝에도 재단을 그만둘 생각이 있다면 그때는 정말 그만두겠다"고 선언까지 했습니다. 가족과 명절을 보내고, 사람들도 만나고, 일요일에는 후원회원 동호회인 '산따라'의 등산 모임에 참여하는 동안에도 제 마음속은 끊임없이 흔들리고 있었습니다. 시간이 흐를

수록 퇴사에 대한 의지는 오히려 더 선명해졌고, 이상하게도 휴가가 빨리 끝나기를 바라는 조급함마저 느껴졌습니다. 출근하자마자, 두 분의 상사에게 면담을 요청했습니다. 다음 커리어를 결정해 놓은 것도 아니었습니다. 그저 '그만둬야겠다'는 분명한 직관만 있었을 뿐입니다. 사직 의사를 밝힌 후 두 분은 제 고민을 오래 지켜봤던 터라, 이것이 결코 충동적인 결정이 아님을 잘 알고 있었습니다. 그렇게 사직 과정도 순조롭게 흘러갔습니다.

2014년 10월 31일, 저는 또 하나의 문을 닫았습니다. 퇴사하는 날, 아쉬움보다는 최선을 다했다는 마음이 저를 오히려 후련하게 했습니다. 인품이 훌륭한 노무현 대통령 내외를 가까이에서 보좌하면서 늘 즐겁고 편안하게 일할 수 있었음에 깊이 감사했습니다. 사실 즐거운 일, 최선을 다해 후회 없는 노력 뒤편에는 원인을 알 수 없는 공허함이 있었습니다.

그동안 '박은하'라는 존재보다 '노무현'이라는 이름으로 살아왔다는 깨달음이 저를 흔들었습니다. 열심히 일했는데, 제가 해온 모든 일은 결국 대통령 내외를 위한 것들이었습니다. 나의 일임은 분명했지만, 온전히 나의 일이라는 느낌은 들지 않았습니다. 그때는 잘 몰랐지만, '온전한 내 일'이라는 개념이 제게 무척 중요했던 모양입니다. 모든 것이 내 일임에도 왜 저는 어떤 일은 내 일이 아니고, 어떤 일은 타인의 일을 대신 해 준다고 생각하고 있었을까요?

사실 코칭을 배우고 그 질문들에 반복적으로 답하는 과정을 거치며 깨닫게 된 것이 있습니다. 온전한 내 일과 그렇지 않은 일의 경계를 굳이 나눌 필요가 없었던 것은, 결국 모든 경험이 저를 이루는 일부분이었기 때문입니다.

노무현 대통령 서거 이후, 그를 사랑하는 시민들의 자발적 후원으로 설립된 노무현재단은 다채롭고 의미 있는 사업들을 전개해 왔습니다. 노무현 대통령의 가치와 철학을 후세에 전하는 '노무현시민학교'를 중심으로, 미래 인재를 양성하는 노무현 장학사업, 청년 리더십을 함양하는 청소년 캠프, 소중한 후원회원들을 위한 회원 네트워크 사업, 재외 동포들과 연결되는 글로벌 네트워크 사업, 그리고 매년 거행되는 추모제에 이르기까지, 제가 담당했던 다양한 사업들을 진심으로 즐기며 일했습니다. 물론 이 모든 것이 저 혼자만의 노력으로 이루어진 것은 아닙니다. 헌신적인 재단 동료들과 소중한 후원회원들의 자발적인 참여가 제 부족함을 언제나 따뜻하게, 그리고 완벽하게 채워주었습니다. 노무현 대통령을 저보다 더 깊이 사랑하고, 그분의 가치와 철학을 더욱 온전히 이해하고 있는 이들을 마주할 때면, 때로는 스스로가 부끄럽기도 했지만, 그 마음 한편에는 항상 깊이 감사함이 자리하고 있었습니다.

즐겁게 일하던 어느 날, 제 의식을 번개처럼 관통하는 순간이 찾아왔습니다. 시간이 흘러 코칭을 배우며 비로소 그 순간이 제 인생에 얼마나 중요한 전환점이었는지 온전히 이해하게 되었습니다. 당시 노무현재단은 광흥창역 인근에 자리하고 있었습니다. 함께 일했던 동갑내기 절친한 친구와 여의도에서 점심을 함께하고, 서강대교를 도보로 건너며 재단으로 돌아가는 길이었습니다. 한강의 물결을 배경 삼아 친구와 소소한 일상을 나누던 그때, 문득 제 입에서 이런 말이 흘러나왔습니다.

"나는 대통령의 가치인 '원칙과 상식'이 너무 중요하고 훌륭한 가치라는 것을 잘 알겠어. 그런데 내 가치가 무엇인지는 아직 명확하지 않지만, 그것이 내가 진정으로 추구하는 가치는 아닌 것 같아."

문득 고백 같은 제 말을 들으며 깊은 자각이 밀려왔습니다. 사실 조직에서 일하다 보면 조직의 가치를 외우고 체화하는 일은 빈번하지만, 자신만의 고유한 가치를 인식하며 일하는 사람은 그리 많지 않을 것입니다. 저 역시 대통령을 향한 헌신을 저의 가치라 여기며 일체화된 채 일해왔으니까요. 그때까지 제가 진정으로 추구하는 삶의 가치에 대해 깊이 성찰해 본 적이 없었습니다. 재단의 본질적 특성상 과거의 소중한 유산을 현재로 가져와 어떻게 미래까지 이어지게 할 것인가에 대한 고민이 업무의 중심축이었습니다.

'대통령의 가치는 너무 중요하고 가슴에 와닿지만, 나의 가치는 무엇일까?'

'나만의 가치를 찾아 일하고 싶다.' 그리고 그 순간 중요한 통찰이 찾아왔습니다. '나는 과거의 일에 그다지 생기를 느끼지 않는 사람이구나.' 저는 본질적으로 미래를 향한 관심이 더 큰 사람인데, 과거에 존재한 그분의 유산을 현재와 미래로 연결해야 하는 일에서 충분히 활기를 얻지 못한다는 사실을 마주하게 되었습니다. 이것이 결국 제가 퇴사를 결심하게 된 결정적인 계기였습니다.

그날은 제 삶에 대한 '자각과 통찰'이 이루어진 순간이자 또 다른 문이 열리는 날이었습니다.

그럼에도 만약 그때의 제가 조금 더 성숙한 시각을 가졌더라면, 아마도 퇴사만이 유일한 해답이 아니라는 것을 깨달았을지도 모릅니다. 조직의 가치와 개인의 가치가 일치하지 않는다고 해서 모든 사람이 퇴사의 길을 선택할 수는 없는 일이며, 자신이 추구하는 가치만을 고집하며 살아갈 수 있는 세상도 아니기 때문입니다. 사실 개인의 가치가 조직의 가치와 어떻게 조화롭게 정렬될 수 있는지를 찾아가는 과정이야말로 개인과 조직 모두가 함께 성장하고 성취를 이룰 수 있는 핵심 열쇠입니다. 하지만 당시의 저는 그 불일치를 마주하고, 온전히 제 길을 찾겠다는 일념으로 조직을 떠나는 결정을 내렸습니다.

퇴사를 결정한 것에 대해 후회한 적은 단 한 번도 없으며, 다시 그때로 돌아간다 해도 결과는 크게 달라지지 않았을지 모릅니다. 다만 이러한 깨달음은 코칭을 통해 얻게 된 저만의 소중한 성찰입니다. 폭풍의 한가운데 있을 때는 잘 보이지 않지만, 폭풍이 지나고 나면 비로소 보이는 것들이 있습니다. 격정적인 고민의 순간에는 자신의 감정이 무엇인지 온전히 인식하지 못하다가도, 시간의 거리를 두고 바라볼 때 비로소 그 본질이 명확하게 드러납니다.

17년이라는 인생 1막을 마무리하면서도 늘 타인을 위해 살았다는 느낌, 그리고 정작 나에게 남은 것은 없다는 오해가 결국 번아웃의 형태로 나타났을지도 모른다는 사실 역시 긴 시간이 지난 후에야 비로소 깨달았습니다.

가까이에서 바라볼 때는 잘 보이지 않습니다. 그럼에도 그 시간이 결코 헛되이 흘러가지 않았다는 사실은 지금 저에게 큰 위안이 됩니다. 삶의 희로애락이 교차했던 그 모든 순간이 소중한 경험 자원이 되어, 앞으로 펼쳐질 인생 2막을 살아갈 때 필요한 귀중한 자양분으로 활용될 것입니다.

"그동안 수고했어! 정말 잘 살았어!" 이 말은 저 자신에게 보내는 인정이고 격려입니다.

그리고 이제, 새로운 문을 향해 힘찬 걸음을 내딛습니다.

🗝️ 내 안의 이야기

자신에게 이 말을 건네보세요. '지금까지 정말 수고했어.'
지난 여정을 돌아보며, 당신은 어떤 문들을 열어왔나요?
그리고 다음 장으로 넘어가기 위해, 지금 당신은 어떤 질문이 떠오르나요?

· 2 ·

나만의 삶의 철학

내가 소중히 여기는 가치들과
그것이 일상에 스며드는 방식

글쓰기가
즐거워지는
마법 레시피

요즘 글 쓰는 즐거움에 빠져 있습니다. 개인 노트에만 머물던 제 생각과 일상의 기록들이 어느새 SNS라는 공적 영역으로 확장되었습니다. 은밀한 사적 공간에서 타인과 공유하는 열린 공간으로 나아가 매일의 생각과 감정을 담아내는 글쓰기를 꾸준히 이어가다 보니, 어느덧 이 모든 이야기를 한 권의 책으로 엮어내고 싶다는 열망이 피어나기 시작했어요.

책에 대한 열망은 오랫동안 의식 아래 잠겨 있던 기억을 수면 위로 떠올리게 했습니다. 초등학교 시절, 'After 캔디 캔디'라는 후속 글을 노트에 써서 반 친구들에게 보여주며 즐거워했던 기억, 책장 속 소설들을 탐닉하던 중학생 시절, 소설가라는 꿈을 품던 소녀에 대한 기억이었습니다. 저는 어려서부터 늘 글 쓰는 것에 대한 막연한 로망이 있었습니다.

하지만 글쓰기를 꿈꾸던 그 소녀는 어디로 사라지고 한동안 글쓰는 일은 저에게 어렵고 부담스러운 일이었습니다. 유명한 작가들조차 글쓰기의 어려움을 토로하고, 글쓰기 관련 서적은 끊임없이 출판되고 있습니다. 잘 쓰는 것은 고사하고 일단 쓰는 것조차 쉽지 않다는 말들. 글 쓰는 일은 재능보다 '엉덩이의 힘'으로 쓴다는 이야기도 자주 듣습니다.

이런 메시지들 속에서 글쓰기는 더 이상 즐거움과는 거리가 멀고, 육체적·정신적 고통이 따르는 일이 되어 버렸습니다. 우리는 성장하며 듣고, 말하고, 읽고, 쓰는 과정을 배우면서도 글과 말을 늘 어려워합니다. 카카오톡이나 문자로 소통하고, SNS에 일상을 공유하는 일에 익숙하면서도 왜 글쓰기는 이토록 두려운 걸까요?

이런 저에게 윤태영 전 청와대 대변인이자 연설기획비서관의 책『윤태영의 좋은 문장론』이 특별한 깨달음을 주었습니다. 여러 통찰 중에서도 가장 와닿았던 것은 '나의 이야기를 진솔하게 담아내고 있는가?', '내가 살아온 경험, 과정에서 배우고 느낀 것들을 글로 표현하면 된다', '누구나 쓸 수 있다', '일상을 묘사하고, 세상과 교감하며 쓰라'는 이야기를 접하는 순간, 글쓰기가 왜 갑자기 즐거운 여정으로 변했는지 비로소 이해할 수 있었습니다. 늘 무거운 짐처럼 느껴지던 글쓰기가 어떻게 기쁨이 되었는지, 그 미스터리가 마침내 풀린 것이죠.

저는 몇 년간 매일 모닝 페이지를 쓰며 조금씩 글감을 모았고, 브런치 작가가 되겠다고 결심하자 일상의 모든 순간이 글감으로 다가오기 시작했습니다. 글이 안 써진다고, 소재가 없다고 투정 부리던 날들은 아직 쓰지 않았다는 것을 의미했습니다. 일단 쓰는 것, 그것이 답이었습니다. 지금 글 쓰는 일을 주저하는 이들이 있다면 이렇게 이야기하고 싶습니다. 너무 조급해하지 말고, 차근차근 글감을 모아보라고! 빈 그릇도 채워지면 결국 넘쳐흐르게 마련이잖아요. 일상의 경험과 단상들이 쌓이면, 그것은 자연스럽게 글과 말로 표현됩니다. 저는 이제야 그 진리를 깨닫는 중입니다.

글감이 쌓이는 것만큼이나 중요한 또 다른 발견이 있었습니다. 바로 마인드셋의 변화였어요. 저는 한 사람의 마인드셋이 삶의 방향성을 결정한다고 믿습니다. 『마인드셋』의 작가 캐럴 드웩의 말처럼 긍정적인 마인드는 우리 삶에 굉장히 중요한 요소입니다.

'글 쓰는 것은 어렵다', '고통이다'라는 말은 마음속 부정적 흐름을 자극합니다. 그동안 글을 쓰고 책을 출간한다는 것이 지루한 창작 과정이고 엉덩이로 쓰는 힘이라는 말들이 고통이라는 이미지로 제 내면에 각인되어 있었던 거죠. 이런 인식이 내 몸과 마음에 체화되어, 글쓰기를 시도할 때마다 무의식적으로 '이건 고통스러운 과정'이라고 연결 짓고 있었던 것입니다.

마치 치과에 가야 할 때 의자와 치료 기구들의 소음을 상상하며 '치과는 무섭고 가기 싫은 곳'이라는 생각이 자리 잡는 것처럼요. 글쓰기가 고통이라면, 누가 자발적으로 그것을 하고 싶을까요? 그동안 저는 글을 쓰고 싶다고 하면서도, '나는 잘 쓰지도 못하는데', '나보다 잘난 사람들이 많은데'라는 자기 의심으로 글쓰기를 회피해 왔습니다.

어느 날, 코칭 자격시험을 준비하는 한 코치의 실습 고객이 되었을 때였습니다. 코치가 건넨 한 질문이 저의 내면을 흔들었습니다.

"평소 어떤 일을 할 때 수월하게 시작하거나 잘 된 경험에는 어떤 마음으로 그 일을 해냈나요?"라는 질문이었습니다. 그 순간 번쩍 떠오른 단어가 있었습니다. 예상대로 도전! 그렇습니다. 도전이었습니다.

저는 새로운 일에 도전하는 것을 두려워하지 않는 편입니다. 지금까지 성과를 냈던 일들도 대부분 도전의 마음으로 시작했을 때 스노우볼처럼 굴러가 좋은 결과로 이어지곤 했으니까요. 어떤 일을 도전이라는 프레임으로 바라볼 때 훨씬 즐겁게 할 수 있음을 경험을 통해 깨달았습니다.

제가 생각하는 진정한 도전은 타인과의 경쟁이 아닙니다. 결과에 대한 기대나 두려움 없이 순수하게 내면의 생각을 표현하는 행위입니다. 글쓰기 역시 도전의 관점으로 접근하면 된다는 깨달음을 얻었습니다. 잘 써야 한다는 무거운 부담을 내려놓고, 도전이라는 이름 아래 글쓰기의 여정을 즐기는 것이죠.

단지 '고통'에서 '도전'으로 프레임을 전환했을 뿐인데, 쓰기에 대한 마음은 한결 가벼워졌습니다. 우리의 뇌는 생각보다 단순한 메커니즘을 가지고 있습니다. 어떤 관점으로 일을 대하느냐에 따라 그 결과 역시 우리가 품은 생각의 방향을 따라가기 마련입니다.

여러분은 어떤 마인드셋으로 일을 하고, 성과를 창출하고 싶으신가요? 지나친 분석이나 망설임보다 긍정적인 마음가짐을 장착해보는 건 어떨까요? 우리에게는 긍정을 선택할 자유가 있으니까요. 만약 특정 일을 회피하고 있다면, 왜 그 일을 꺼리는지 솔직히 마주해보는 것도 필요합니다. 반면, 평소 열정을 느끼며 즐겁게 수행하는 일에서는 어떤 마음가짐으로 접근하는지 나만의 패턴을 발견해보길 권합니다. 어쩌면 우리가 그토록 찾아 헤매던 인생의 황금열쇠는 생각보다 훨씬 가까운 곳에 있을지도 모릅니다. 분명한 것은 도전이라는 프레임으로 바라본 세상은 고통이 아닌 즐거움으로 가득하다는 것입니다.

저에게 글쓰기가 즐거워진 것처럼요.

 내 안의 이야기

당신의 마인드는 긍정을 향하고 있나요?

시간의 예술가로 살아가는 법

요즘 저는 '시간'에 대해 생각합니다. 흥미롭게도 며칠 전 한 고객과의 코칭 세션에서도 동일한 주제로 대화를 나눴습니다. 대화 중 코칭 고객인 L기업의 임원 A씨는 해야 할 일과 하고 싶은 것들이 끝없이 펼쳐져 있는데, 정작 활용할 수 있는 시간은 한정되어 있어 그 틈에서 오는 답답함을 토로했어요.

시간은 참 오묘합니다. 부족할 때는 초조함이, 넘칠 때는 '이렇게 살아도 되는 걸까?'라는 불편한 마음이 슬그머니 올라오곤 합니다. 우리 삶에서 유일하게 확실한 진실이 있다면, 그것은 모든 이에게 찾아오는 삶의 시작과 마지막 순간, 누구에게나 평등하게 주어진 하루 24시간일 것입니다.

이 보편적 시간의 흐름 속에서 나만의 고유한 리듬을 찾아 풍요로운 삶을 창조해 내는 것. 어쩌면 그것이 우리 각자에게 주어진 진정한 소명일지도 모릅니다. 마치 새로운 도전 앞에서 가능성을 발견하듯, 시간이라는 캔버스 위에 어떤 그림을 그려나갈지는 우리의 관점과 선택에 달려 있습니다. 결국 시간을 어떻게 바라보느냐가, 그 시간을 어떻게 채워나가느냐를 결정짓는 것이니까요.

하루 24시간, 1년 365일은 우리 모두에게 주어진 절대적 시간입니다. 그러나 우리는 각자의 방식으로 이 시간을 경험합니다. 고대 그리스인들은 이미 시간의 이중성을 꿰뚫어 보았죠. 그들은 시간을 '크로노스(Chronos)'와 '카이로스(Kairos)'라는 두 가지 개념으로 분류했습니다.

크로노스적 시간은 우리가 익히 아는 측정 가능한 물리적 시간입니다. 과거, 현재, 미래로 이어지는 선형적 흐름 속에 시작과 끝이 있는 한정된 시간이죠. 이 시간 속에서 모든 것은 끊임없이 움직이고 변화하며, 생성과 소멸을 반복합니다. 반면 카이로스적 시간은 특별한 의미가 담긴 주관적이고 질적인 시간입니다. 그리스·로마 신화에서 카이로스는 '기회의 신'으로, 적절한 순간에 일이 일어나도록 사건을 조율하는 존재입니다. "기회는 준비된 사람에게 찾아온다"는 격언처럼, 카이로스는 우리가 중요한 순간을 포착할 준비 시간이기도 합니다.

기독교적 관점에서는 카이로스를 신이 개입하는 특별한 순간, 선이 아닌 '점'으로서의 시간으로 해석합니다. 이는 스티브 잡스가 스탠퍼드 대학 졸업식 연설에서 언급한 '인생은 수많은 점으로 이어져 있다'는 말과도 일치합니다. 이 두 가지 시간 개념은 우리 모두의 의식 속에 공존합니다. 늘 시간이 부족하다고 느끼는 이유는 이 두 시간 개념이 우리 안에서 끊임없이 충돌하고 있기 때문일지도 모릅니다.

최근 매일 아침 글쓰기 습관인 모닝 페이지를 채우는 동안 중요한 깨달음이 찾아왔습니다. 저는 시계가 가리키는 크로노스의 흐름 속에서도, '기회'라는 빛나는 순간을 놓치지 않으려는 카이로스적 시선을 가진 사람이었던 것입니다.

봄이 한창인 어느 날, 연초에는 원대한 목표와 넘치는 에너지로 가득했지만, 화사한 봄꽃들이 절정을 지나 시들기 시작하는 시점에 이르자, 마음 한구석 불안이 조용히 자라나기 시작했습니다.

문득 스스로 묻습니다. '시간에 대한 나의 기본 감정이 조급함인가?', '시간의 노예가 되어가고 있는 것은 아닐까?'라는 질문이 번개처럼 저를 관통했고, 그 순간 정신이 번쩍 들었습니다. '시간의 노예가 되지 말자'라는 다짐도 해봅니다. 시간은 분명 물리적으로 정해져 있지만, 그 시간을 어떻게 활용할 수 있을지는 무한하게 열려있음을 새롭게 인식했습니다. 마치 제한된 캔버스 위에 어떤 그림을 그릴지는 전적으로 화가의 창조적 자유에 달린 것처럼요.

시간을 하루 24시간, 1년 365일이라는 틀 속에 가두고 바라보면 언제나 시간에 쫓기며 살 수밖에 없습니다. 갈증을 느낄 때 물컵을 바라보며 줄어드는 수위에만 집중한다면, 불안과 조급함, 압박감이 밀려오는 것은 자연스러운 일입니다.

시간도 마찬가지입니다. 하루 24시간에 초점을 맞추면, 그 시간은 30분, 한 시간, 두 시간 끊임없이 줄어들기만 합니다. 자연히 시간이 부족하다고 느껴 조급해지고 불안해질 수밖에 없죠.

그러나 관점을 전환해 보면 어떨까요? 누구에게나 주어진 물리적 틀 속의 시간이지만 그 틀 안에 채울 내용은 내가 만들고 창조할 무한한 가능성이 있습니다. 지금 이 시간을 한정된 시간이 아닌 풍요로운 시간으로 바라보니 의지가 충만해짐을 느낍니다. 시간의 틀은 분명 정해져 있지만, 이는 고정되거나 멈춰 있는 개념이 아닙니다. 시간의 흐름 속에서 스스로 만들어간다고 생각하면 언제나 여유롭고 풍요로운 시간적 경험이 가능해집니다.

한 달에 한 번 모이는 코치 성장 모임에서 시간 관리에 관한 릴레이 코칭을 받던 중 중요한 결심을 하게 되었습니다. 새벽 다섯 시부터 아침 여덟 시까지 하이라이트 시간을 정해 글쓰기에만 온전히 몰입하기로 한 것입니다.

이 방법을 실천한 후, 놀라운 변화가 찾아왔습니다. 충만한 에너지로 하루를 활기차게 시작할 수 있게 된 것입니다. 그동안 시간을 효과적으로 활용하지 못한다는 불편한 감각이 늘 존재했지만,

이런 구체적인 실천을 통해 비로소 시간의 진정한 주인이 되는 경험을 맛볼 수 있었습니다. 만약 우리 삶에 물리적인 시간만이 존재한다면 그 틀 안에 갇혀 답답함을 느낄 것이고, 반대로 시간이 무한정 주어진다면 그 소중함을 제대로 느끼지 못할 것입니다. 시간의 경험도 흑백논리를 넘어 균형점을 찾고 조화롭게 살아갈 때 비로소 그 진정한 가치가 온전히 드러나는 게 아닐까요. 시간에 대한 이런 인식의 전환만으로도 우리는 더 이상 시간의 노예가 아닌 주인으로 거듭날 수 있습니다.

시간을 바라보는 관점을 바꿔보면 어떨까요? 우리 함께 시간의 주인으로 살아가는 법을 탐색해 봅시다. 시간은 결코 우리가 만들 수 없지만, 그 시간을 무엇으로 채울지는 우리가 결정할 수 있으니까요.

 내 안의 이야기

당신은 어떤 시간을 살고 계신가요? 시간의 주인으로 살고 있나요?
시간을 쫓아가며 살고 있나요?

문제가
많아서
기쁘다니요!

문제가 생기지 않는 인생은 어디에도 존재하지 않는다.
문제가 없어지는 것은 죽을 때다.
즉 문제가 있다는 것은 살아 있다는 증거다.
안고 있는 문제가 크면 클수록, 많으면 많을수록 진지하게
살아가고 있는 것이다.
그러니 문제가 있다는 것을 기뻐하기를 바란다.

- 『일이 인생을 단련한다』 니와 우이치로, 한국경제신문, 2019

어떤 주제에 깊이 몰두하다 보면, 뜻밖의 순간, 전혀 예상치 못한 곳에서 그 답을 여는 열쇠를 마주하게 될 때가 있습니다. 마치 오래된 수수께끼의 해답을 찾은 듯한 깊은 울림과 짜릿한 희열이

그 순간을 감돕니다. 한참 '문제'라는 단어의 본질을 고민하던 때, '조영탁의 행복한 경영이야기' 뉴스레터에서 일본의 저명한 기업가 니와 우이치로 회장의 문장을 만났을 때도 그랬습니다. 문제를 피해야 할 장애물이 아닌, 살아 있다는 증거로 바라보는 관점을 갖게 되자, 마치 좁은 상자 밖으로 걸어 나온 듯한 자유를 경험했습니다.

오랫동안 저는 '문제'라는 단어와 거리두기를 해왔습니다. 그래서 의식적으로 '개선점'이나 상황에 맞는 대안적 표현을 선택하려 노력합니다. '이게 문제야, 저게 문제야'라는 표현이 일상에서 얼마나 자주 사용되는지 생각해 보면 놀랍습니다. 그런데 이런 표현을 쓰는 순간, 관련 상황은 이미 문제라는 프레임 안에 갇혀버립니다. 이에 따라 창의적 사고의 확장보다는 단지 '해결책'을 찾는 데만 집중하게 되는 제한적 접근이 이루어지곤 하죠.

업무 보고서에서도 '현황에 대한 문제점 검토'보다는 '개선점 검토'라고 의식적으로 바꿔 표현합니다. 긍정심리학에 매료되어 그 철학에 기반한 코칭을 실천하면서, 고객의 대화에서 부정적 표현이 나올 때면 "그것을 긍정적 단어로 표현한다면 어떨까요?"라며 부드럽게 제안하기도 합니다.

"표현이 뭐가 중요해!"라고 반문할 수도 있겠지만, 언어는 단순한 소통 도구를 넘어 우리의 사고방식을 형성하는 강력한 틀입니다. 어떤 마인드셋을 가지고 있느냐가 삶의 방향성을 결정한다는 믿음이 저를 이런 섬세한 언어적 실천으로 이끌었습니다.

그런데 니와 우이치로의 문장을 접하며 '문제는 나쁜 거야'라고 정의하는 이런 제 생각 역시 부정적인 이미지를 만들어 '스스로 프레임을 씌우고 있었구나'라는 반성을 하게 되었습니다. 문제가 있다는 것은 단순히 개선의 여지가 있다는 신호이며, 꼭 부정적으로만 인식할 필요가 없습니다.

아무 문제가 없는 상태란 과연 어떤 의미일까요? 세상에 완벽하게 문제없는 무언가가 존재할 수 있을까요? 아마도 현실에서는 찾기 어려울 것입니다.

역설적으로 아무 문제가 없다고 느끼는 상태야말로 진짜 문제일지도 모릅니다. 무언가의 문제점을 빠르게 파악할수록 개선의 기회도 그만큼 일찍 포착할 수 있고, 그 개선안을 신속하게 실행에 옮기는 것이 성장과 발전의 계기가 되기도 하니까요.

한동안 큰 주목을 받았던 한 자기계발서를 읽고 난 뒤, 마음에 선명하게 남은 두 개의 단어가 있습니다. '행복'과 '불편함'입니다.

저자는 본질적으로 행복에 관한 이야기를 전하고 싶었지만, 행복만을 이야기했다면 아무도 귀 기울이지 않을 것을 알았다고 합니다. 그래서 먼저 실용적인 경제적 자립의 방법론을 통해 독자의 관심을 사로잡은 것이죠.

또 다른 핵심 개념은 '불편함'이었습니다. 이는 '문제가 많을 때 오히려 기뻐하라'는 역설적 지혜와 놀랍도록 맞닿아 있습니다. 성공한 스타트업 창업자들의 이야기를 들어보면 공통된 문장이 발견됩니다. "누군가의 불편을 해소하려 했을 뿐입니다." 책의 저자 역시 같은 맥락의 통찰을 공유했기에 그 메시지가 오래도록 제 기억에 남았습니다.

결국 이것은 일거양득의 지혜를 담고 있습니다. 누군가의 불편(문제)을 해소함으로써 타인에게 가치를 제공하는 동시에 자신도 행복을 찾을 수 있다는 것. 문제는 피해야 할 장애물이 아니라, 행복으로 가는 길을 알려주는 이정표인지도 모릅니다.

문제가 많다는 것은 곧 내가 할 수 있는 일, 하고 싶은 일, 해야 할 일들이 풍부하다는 증거입니다. 이러한 문제들을 해결해 나갈 때, 우리는 더 큰 성취와 발전의 기회를 만들 수 있습니다.

갤럽 강점 테마의 관점에서 보면, '복구 테마'가 강점인 사람들은 문제의 원인을 파악하고 해결하는 과정 자체에서 기쁨을 찾습니다. 강점 워크숍에서 저는 종종 이런 말을 합니다. "우리 팀에 문제가 생겼나요? (복구 테마 강점자를 가리키며) 저분에게 달려가세요!"

같은 상황을 마주해도, 어떤 이에게는 그저 '문제'로만 보이는 것이 다른 이에게는 '흥미로운 해결 과제'로 다가와 오히려 반갑게 맞이하는 경우가 있습니다. 물론 복구 테마의 재능이 없다고 해서 문제 해결 능력이 부족한 것은 아닙니다. 중요한 것은 문제를 바라보는 관점이죠.

어떻게 하면 우리 모두 문제를 다르게 바라볼 수 있을까요? 니와 우이치로의 말처럼 "문제가 있다는 것을 기뻐하면서" 사는 것도 괜찮습니다. 진정한 문제는 문제가 있는 것이 아니라, 오히려 문제가 없다고 느끼는 상태일 수 있다는 관점의 전환을 시도해 보는 건 어떨까요.

지금 골치 아픈 문제 앞에 놓여있나요? 그럼 먼저 "이런, 또 문제야"라고 생각하는 대신 "흥미로운 기회가 왔군"이라고 생각해 보세요. 언어의 프레임에 주의를 기울이며 '문제'를 '도전', '기회', '성장점'으로 바꿔 표현해 보는 거죠. 더 나아가 주변 사람들의 불편함에 귀 기울이세요. 그곳에 당신의 다음 프로젝트, 혹은 비즈니스 아이디어가 숨어 있을지 모릅니다. 문제는 결국 우리가 살아있다는 증거입니다. 오늘부터, 문제가 많다면 기뻐하십시오. 그것은 당신이 진지하게 살아가고 있다는 가장 확실한 증거니까요.

🔑 **내 안의 이야기**

당신은 오늘, 어떤 문제를 환영하시겠습니까?

나의 업무
시스템을
만드는 즐거움

책『일을 리디자인하라』에서 저자인 린다 그래튼 교수는 프리랜서들이 '스스로 시간을 관리하는 자율성과 일하는 장소의 유연성을 소중히 여긴다'고 밝혔습니다. 저 역시 1인 기업가로서 정체성을 갖게 된 후, 업무 효율성을 고민할 때 가장 중요하게 생각한 부분이기도 합니다. 특히 매일 정해진 시간에 정해진 장소로 출근하던 직장인의 삶에서 벗어나, 별도의 사무실 없이 노마드처럼 살며 프리랜서로 활동하던 초창기에는 더욱 그러했습니다.

2022년 6월 말 조직을 떠난 후, 같은 해 하반기에는 새로운 커리어로서 코칭 업에 연착륙하는 것을 단기 목표로 삼았습니다. 그리고 2023년은 본격적으로 사업을 시작한 원년으로 의미 있게 보냈습니다. 프리랜서로 꽉 찬 1년을 살아보니, 나만의 시스템을 구축하는 일이 얼마나 중요한지 절감했습니다. 그 시스템 안에서는 '시간'과 '공간'의 설정이 핵심이라는 점을 특히 느꼈어요.

최근 들어 시간의 자율성을 확보하기 위해 도입한 '하이라이트 시간'은 제 일상에 새로운 리듬을 부여하고 있습니다. 제가 진행하는 비즈니스 코칭은 주로 기업이나 기관을 대상으로 하며, 고객의 사무실을 직접 방문하거나 ZOOM, Webex, Google Meet, Teams 같은 다양한 화상 플랫폼을 통해 비대면으로 이루어집니다. 때로는 외부 카페에서 편안한 분위기 속에서 만나기도 합니다. 집 역시 저에게는 집중력을 발휘할 수 있는 공간으로, 대체로 방해 요소 없이 업무에 몰입하는 편입니다. 굳이 제 일의 방해 요인을 찾자면, 그것은 외부가 아닌 내면의 게으름이라고 할 수 있을 것 같습니다.

직장 생활을 할 때도 직주근접을 선호했기에, 1인 기업가로 전환한 초기에는 사무실이 굳이 필요하다고 느끼지 않았습니다. 이동 시간도 아낄 수 있고, 집에서도 업무에 집중할 수 있었으니까요. 그런데 시간이 지날수록, 제 게으름이 점점 환경을 지배하는 듯한 느낌을 받았습니다. 눈에 보이는 다양한 요소들이 집중을 방해했고, '이대로는 안 되겠다'는 위기감이 찾아왔습니다. 그래서 우선 공유오피스를 알아보기로 했습니다.

공유오피스 문화가 급속도로 확산하던 초창기부터, 저는 새로운 업무 공간 트렌드에 관심을 두고 있었습니다. 그러다 보니 알고리즘을 통해 흥미롭고 개성 있는 다양한 공유오피스들이 하나둘 눈에 들어오기 시작했죠. 하지만 정보가 많아질수록 오히려 선택은 더 어려워졌습니다. 저는 주로 광화문 인근에서 활동하기 때문에 지역을 광화문으로 좁혀서 찾았고, 그 과정에서 이름조차 생소한 다양한 공유오피스들이 있다는 사실을 알게 됐습니다. 그중 눈에 들어온 공유오피스 한 곳을 정해 베이스캠프로 삼고 나니, 재택근무를 하든, 기업 현장에 방문하든, 혹은 근처 카페에서 일하든, 어디서든 유연하게 일할 수 있는 기반이 마련되었습니다.

공간을 정리하고, 나에게 맞는 시간 관리 시스템을 갖춘 뒤에야 비로소 눈에 들어오기 시작한 것들이 있었습니다. 스티븐 코비의 『성공하는 사람들의 7가지 습관』에 나오는 '소중한 것을 먼저 하라'는 원칙은, 단순히 일의 우선순위를 정하는 데 그치지 않고, 그 안에 어떤 가치를 담을 것인가에 대한 깊은 고민이 필요하다는 사실을 다시금 일깨워주었습니다.

마치 우리가 먹는 음식이 건강을 좌우하듯, 시간과 공간의 자율성과 유연성을 어떻게 활용하느냐에 따라 우리의 결과물도 달라질 수 있습니다. 지금 이 순간에도 저는 '무엇을 우선할 것인가'를 스스로에게 끊임없이 묻고 있습니다.

긴급성과 중요성이라는 관점에서 시간을 사분면으로 나눠보면, 긴급하지 않다는 이유만으로 정말 중요한 일들이 자주 뒤로 밀려나는 현실을 마주하게 됩니다. 눈앞의 급한 일들에 쫓기다 보면,

정작 나를 장기적으로 성장시키는 일들은 어느새 뒷전으로 밀려나 버리기 쉽습니다.

하지만 장기적인 탁월함을 이루기 위해서는, 긴급하지 않더라도 중요한 일을 우선순위에 두고 지속해서 다루는 것이 핵심입니다. 이제는 스스로 만들어놓은 시스템을 어떤 내용으로 채워 넣을지, 그리고 그것을 어떻게 실행에 옮겨 의미 있는 결과로 연결할지 구체적으로 고민할 시점입니다. 목표와 가치를 분명히 설정하고, 그에 맞춰 시간을 효과적으로 배분하며 한 걸음씩 나아가야 합니다. 결국, 진짜 중요한 일을 놓치지 않는 삶은 그렇게 작은 전진을 반복해 나가는 과정에서 만들어지는 것이니까요. 그리고 모든 과정의 출발점은 바로 이 질문으로부터 시작됩니다.

"나는 어떤 환경에서 가장 효율적이고 생산적으로 일할 수 있는가?"

이 질문에 대한 나만의 해답을 찾아가는 여정이, 진짜 성과를 만들어 내는 첫 단추일지도 모릅니다.

 내 안의 이야기

당신이 '몰입'할 수 있는 공간은 어디입니까?

Perfect?
or
Professional?

Give up the need and desire to see perfect coaching.
(PCC does not stand for Perfect Certified Coach)
"완벽한 코칭을 보여주려는 필요성과 욕구를 포기하라.
 PCC(전문 코치)는 완벽한 인증 코치를 의미하지 않는다."

오늘 아침, PCC Markers 자료집을 넘기다 멈춰 선 문장입니다. 문장을 읽는 순간, 제 심장이 미세하게 빨라지는 것을 느꼈습니다. 국제코칭연맹(ICF)에서 말하는 PCC는 Professional Certified Coach의 약자입니다. 그런데 저는 무의식중에 이 'Professional'을 'Perfect'로 해석하고 있었던 것입니다. 이 깨달음이 제게 몰려오는 순간, 저는 무릎을 탁 치며 웃었습니다. 이것이 바로 제가 그토록 찾던 답이었거든요.

지난해 겨울, 한 증권회사 HR 담당자를 코칭하던 날이 떠오릅니다. 코로나 시기였기에 첫 세션은 비대면으로 진행되었고, 온라인 화면 너머로도 제 어깨에 힘이 잔뜩 들어가 있었음을 느낄 수 있었습니다. '잘해야 한다'와 '실수하면 안 된다'는 생각이 머릿속을 떠나지 않았습니다. 준비한 질문과 모델을 바탕으로 코칭을 진행했지만, 그럼에도 불구하고 무언가 부족한 느낌이 들었습니다.

두 번째 세션은 증권사 회의실에서 대면으로 진행되었습니다. 회의실로 향하는 엘리베이터 안에서도 저는 머릿속으로 계획을 점검했지만, 막상 그분과 마주 앉아 코칭을 시작하자 제 머릿속 구상은 더 이상 의미가 없었습니다. 고객이 예상치 못한 주제를 꺼냈기 때문입니다. 순간, 저는 당황했지만 이내 깊은숨을 들이마시고, 머릿속 모든 계획을 내려놓기로 했습니다. '완벽하게 코칭해야 한다'는 부담감 대신, '지금 이 순간, 이 사람과 함께 있다'는 마음으로 자세를 바꾸었습니다. 놀랍게도 그 순간부터 대화의 질이 달라졌습니다. 고객의 이야기에 자연스럽게 호응하며 흐름을 따라갔더니, 오히려 더 깊은 통찰들이 솟아났습니다. 완벽한 코치가 되려는 부담감을 내려놓았을 때, 고객과 저는 비로소 자유로워질 수 있었던 것입니다.

코칭을 처음 시작하던 때엔 모든 것이 신나고 즐거웠습니다. 15분의 짧은 실습 코칭만으로도 대화가 깊어지고, 사람들이 자신의 내면을 열어 보이는 순간들이 마법처럼 느껴졌습니다. 회사에서도 직원들과의 대화 방식이 바뀌었고, 단순한 대화가 아닌 진정한 연결이 시작되었습니다. 그러나 자격시험을 준비하면서부터 상황이 달라졌습니다. '더 좋은 질문을 해야 하는데', '제대로 경청하고 있는 걸까?', '이 방향이 맞는 걸까?' 같은 의문들이 끊임없이 떠올랐습니다. 동료 코치들과 '버디 코칭' 실습을 하면서도 오히려 더 어렵게 느껴지는 역설적인 상황에 빠졌습니다. 더 많이 알게 될수록 더 모르는 것이 많아지고, 더 깊이 들어갈수록 자신의 부족함이 더욱 선명하게 보이는 시간, 그것이 바로 성장을 위한 필수적인 과정이었습니다. 코칭도 삶도 이때가 한 단계 성장하는 단계입니다.

우린 왜 하면 할수록 잘 안된다고, 어렵다고 생각하는 걸까요? 잘하려는 마음, 도움이 되고 싶은 마음이 크기 때문입니다. 코칭은 춤과 같습니다. 물론 기본 스텝과 자세는 완벽하게 익혀야 합니다. 그러나 실제 무대에서는 그 기술들을 의식적으로 생각하지 않고, 파트너의 움직임에 자연스럽게 반응하며 음악의 흐름에 몸을 맡겨야 합니다. 머리로 다음 스텝을 계산하는 순간, 춤은 더 이상 춤이 아니라, 기계적인 동작의 연속이 됩니다.

이번 코칭 세션은 저에게 이 사실을 깨닫게 해주었습니다. 완벽한 코칭을 보여주려는 부담을 내려놓고, 그저 고객과 함께 '춤을 추듯' 대화에 몰입했을 때, 비로소 진정한 코칭이 이루어진다는 것을요.

'잘하고 싶다'는 마음, '도움이 되고 싶다'는 열망은 전문가로서 자연스러운 감정입니다. 하지만 코칭에서는 이러한 마음이 오히려 진정한 연결을 방해할 수 있습니다. 잘해야 한다는 생각이 클수록 코칭의 중심은 코치 자신에게 쏠리게 됩니다. 내가 어떻게 보일까? 내 질문이 효과적일까? 내가 제대로 하고 있을까? 이런 생각들이 머릿속을 채우면, 정작 고객의 이야기를 온전히 듣는 데 방해가 됩니다.

진정한 전문성은 때로 전문가임을 잊는 것에서 비롯됩니다. 의사가 의학 지식에만 집중하다 환자의, 말을 듣지 못하는 것처럼, 코치도 코칭 기법과 모델에만 집중하다 고객의 진짜 이야기를 놓칠 수 있습니다. 오늘 아침 만난 그 문장 '완벽한 코칭을 보여주려는 필요성과 욕구를 포기하라'는 제게 이 사실을 다시 한번 일깨워주었습니다. Professional은 Perfect가 아니라는 것, 그리고 진정한 전문가는 완벽함의 부담에서 벗어나 고객과 함께 춤을 출 줄 아는 사람이라는 것을 말입니다.

이제 저는 코칭룸에 들어갈 때마다 스스로 묻습니다.

"나는 오늘 퍼펙트 코치가 되려 하는가, 아니면 프로페셔널 코치가 되려 하는가?"

그리고 그 답은 이미 제 가슴속에 선명하게 울리고 있습니다.

🗝 **내 안의 이야기**

당신은 퍼펙트한 삶을 원합니까? 아니면 프로페셔널한 삶을 원합니까?

직관과
강점이 이끈
나의 인생 항로

　누구나 인생에서 중요한 갈림길에 서게 됩니다. 우리는 그 순간 어떻게 결정을 내릴까요? 논리와 분석, 타인의 조언, 혹은 내면의 목소리를 따르게 될까요? 저는 자신의 강점을 인식하고 직관의 목소리에 귀 기울이는 의사결정 방식이 제 인생의 항로를 설정했고, 그 여정이 제가 걸어온 길의 풍경을 그려냈습니다. 직관이라는 미세한 속삭임과 강점이라는 단단한 돛이 함께 만들어 낸 이 항해는, 언제 돌아보아도 후회 없는 나만의 이야기가 되었습니다

　대학을 졸업하고 취업을 하며 경제적 자립을 이루었다고 생각했지만, 지금 돌이켜보면 진정한 독립은 호주 유학을 떠났을 때 비로소 이루어졌습니다. 독립의 의미는 사람마다 다를 수 있겠지만, 저에게 독립은 단순히 경제적인 것을 넘어 '의사결정의 주체'가 되

는 것이었습니다. 부모님과 함께 살 때는 대부분의 의사결정이 필요할 때 부모님의 의견을 따르는 생활이 익숙했습니다. 하지만 이역만리 호주 시드니에서는 매번 국제전화를 걸어 의견을 물어볼 수 있는 상황이 아니었으니까요.

"이것이 진정한 독립이고 자유가 아닐까?"

나의 삶을 스스로 책임질 수 있게 된 것보다 더 명확한 독립의 징표가 있을까요? 어쩌면 저는 유학이라는 틀을 통해 독립을 갈망했는지도 모릅니다. 그리고 그 독립의 공간에서 제 인생의 가장 중요한 의사결정 중 하나인 대학원 전공 선택에 직면하게 되었습니다.

'일단 떠나고 보자'는 마음으로 시드니에 도착했지만, 유학 준비 단계부터 나름대로 전공 후보를 세 가지로 추려두었습니다. 6개월간의 어학연수 동안 차근차근 알아보며 결정하기로 했죠. 제가 전공을 선택할 때 가장 중요하게 생각한 기준은 미래 전망이었습니다. 어떤 분야가 제 커리어에 좋은 전망을 제시하고, 동시에 재미있게 공부할 수 있을까? 이런 기준은 제 미래지향적 성향이 자연스럽게 반영된 것이었습니다.

고려했던 세 가지 전공은 다음과 같았습니다. 관광&호텔경영학은 세계 3대 미항 중 하나인 시드니의 특성을 활용해 보자는 생각에서 비롯되었습니다. 이미 발달한 관광업과 호텔업이 앞으로도 계속 성장할 것으로 전망했습니다. 선물거래 관련 학문도 고려 대상이었습니다. 당시 한국에는 선물거래소가 없었지만, 조만간 설립

될 거라는 이야기가 있었고, 새롭게 열릴 시장에 뛰어들어보고 싶다는 막연한 기대가 생겼죠. 실제로 99년에는 부산에 선물거래소가 설립되었습니다만, 이과적 두뇌와 수학적 역량이 필요하다고 판단해 일찍 포기했습니다.

다음은 커뮤니케이션학이었습니다. 학창 시절부터 관심이 있었던 분야였고, 호주에서도 연구가 잘 이루어지고 있다는 이야기를 들었던 터였습니다.

이렇게 옵션을 정리하는 과정에서도 제 강점이 자연스럽게 발휘되고 있었습니다. 갤럽 강점 테스트에서 제 첫 번째 테마가 '전략'이었는데, 이는 다양한 대안을 탐색하고 시나리오를 짜는 것을 즐기는 특성입니다. 여기에 '미래지향' 테마까지 더해져, 어떤 전망이 유망할 것인지, 제 커리어에 어떤 도움이 될지 자연스럽게 생각하게 되었던 것입니다.

결국 저는 커뮤니케이션학을 선택하게 되었는데, 그 결정적 순간은 무척 흥미롭습니다. 당시 어학원 수업 후 시티의 한 빌딩에서 아르바이트를 했습니다. 아르바이트 장소로 가는 길에 고급 호텔들이 늘어선 거리를 지나야 했습니다. 버스가 호텔들이 보이는 정류장에 멈췄고, 저는 맞은편 호텔에서 바쁘게 움직이는 직원들을 바라보게 되었습니다. 그 순간, 번개처럼 스치는 생각이 있었습니다.

"호텔에서 일하고 싶은 것(호텔경영 전공)보다, 호텔을 이용하는 사람(커뮤니케이션 전공)이 되고 싶다."

찰나의 순간이었지만, 이 직관적 깨달음이 제 진로를 완전히 바꾸어 놓았습니다. 어떤 내면의 목소리가 저를 이끌었고, 저는 그 직관을 따라 '커뮤니케이션학'으로 진로를 결정했습니다.

커뮤니케이션학으로 전공을 정하니 다음 단계는 비교적 순탄했습니다. 처음에는 시드니 대학교(The University of Sydney)에 가야겠다고 생각했으나, 제가 원하는 학과가 없어 매쿼리 대학교(Macquarie University)의 Master of Arts 과정에 International Communication 석사 과정이 개설되어 있다는 것을 알게 되었습니다. 호주는 대학의 전반적인 명성보다 특정 전공 분야의 강점을 중요시하는 문화가 있습니다. 비록 학교 이름은 낯설었지만, '커뮤니케이션'이라는, 제가 원하는 전공이 있었기에 선택했고, 그 선택을 후회한 적은 없습니다. 이렇게 직관에 따른 결정이 지금까지의 제 커리어를 형성하는 중요한 역할을 했습니다. 예상치 못한 방향으로 흘러간 면도 있지만, 스스로 선택하고 그 결정에 책임을 지며 살아왔기에 지금도 그때의 선택에 만족하고 있습니다.

직관력은 자신의 가치와 경험에 충실한 선택을 반복하며 자신의 나침반을 신뢰하는 힘입니다. 직관력을 높이기 위해 자신의 감정과 신체 감각에 주의를 기울이며, 그 작은 신호들을 신뢰하고 따르는 연습을 반복해 보세요.

내 안의 이야기

삶의 갈림길에서 당신의 의사결정 방식은 무엇입니까?
내 직관이 빛을 발했던 때는 언제였나요?

언제나 필요할 때
힘이 되는
칭찬의 힘

강점이란 무엇일까요? 저에게 강점은 삶의 크고 작은 순간들 속에서 타인의 인정을 통해 발견된 소중한 자산들입니다. 어린 시절부터 지금까지, 누군가의 진심 어린 격려 한마디가 제 안에 잠들어 있던 가능성을 깨워준 경험들이 있었습니다. 그리고 그런 경험들이 모여 지금의 저를 만들었고, 강점 코치라는 길로 자연스럽게 이끌어주었습니다. 그러고 보면 미국 갤럽(Gallup)의 공식 인증 강점 코치로 일하게 된 것은 우연이 아니었습니다.

저는 전형적인 K-장녀입니다. 자연스럽게 집안일을 거들고 동생을 돌보며 자랐고, 방학 때 친척 집에 가서도 바쁜 어른들을 도와드리곤 했습니다.

어느 날 고모는 "어쩜 그렇게 속이 깊으니. 네 엄마는 너처럼

속 깊은 딸이 있어 좋겠다"라고 말씀하신 적이 있습니다. 그 한마디가 지금까지도 선명하게 기억에 남아있습니다.

아마도 그 말이 오래 남은 이유는 단순한 칭찬이 아니라, 누군가 제 마음을 온전히 이해해 줬다는 존재를 인정받은 느낌 때문인 것 같습니다. 어린 마음에도 진심으로 저를 알아봐 주시는 따뜻함이 전해졌던 것 같습니다.

호주 매퀴리 대학교(Macquarie University) 국제커뮤니케이션 석사 과정에 입학했을 때, 예상보다 훨씬 수업을 따라가기 어려웠습니다. 무엇이든 처음 시작해 익숙해질 때까지가 가장 시간이 오래 걸리고 힘든 법인데, 첫 학기는 정말 정신없이 지나갔습니다.

어학원에서 배운 영어와 일상 영어로는 한계가 있었습니다. 나름 영어 공부를 열심히 했다고 생각했지만, 전공 서적과 수많은 논문을 원서로 읽어내는 과정은 절대 쉽지 않았습니다. 그래도 저는 학업을 우선시하며 차근차근 적응해 나갔습니다.

대학원 공부와 연계될 수 있는 일을 찾던 저는 용기를 내어 공영 방송사 SBS(Special Broadcasting Service)의 문을 두드렸습니다. 호주는 다문화 국가로서 공영 방송사인 SBS가 이민자들의 삶을 어루만져 주는 역할을 했습니다. SBS는 다국어 방송을 통해 다문화 사회를 반영하고 다양성을 제공하는 방송국이었고, 당시 SBS Radio에서는 일주일에 네 시간 한국어로 방송을 진행했습니다. 제가 잘하는 것 중 하나가 '일단 한다'는 태도입니다. '아니면 말고'라는 마음가짐으로 무언가 시도하는 것을 두려워하지 않는 편이죠. 운이 좋게도 SBS Radio Korean 프로그램에서 일하던 구성원이 한국으로 귀국하면서 자리가 비어 있었습니다. 저는 그곳에서 일할 기회를 얻었고, 한국으로 돌아갈 때까지 약 3년간 근무하며 학업과 경제적 활동을 병행할 수 있었습니다.

방송국에서 저의 주 업무는 호주의 주요 뉴스와 한인사회에 필요한 기사들을 발췌해서 번역하고 소개하는 BJ(Broadcaster/Journalist) 역할이었습니다. 일주일에 4회 방송되었고, 그때마다 출근해 일했습니다. 함께 일했던 PD는 유학생이 일하며 공부하는 모습을 귀하게 여겼는지 늘 많은 도움을 주었습니다. 제가 박사 과정 진학을 목표로 공부하고 있다는 것을 알고는 항상 저를 '박 박사'라고 불러주었습니다. 그분의 우렁찬 목소리로 '박 박사!'라고 부를 때면 없던 에너지도 생기는 기분이었습니다.

방송이 있는 날에는 일찍 도착해서 뉴스를 스크랩하고, 그것을 번역하고 요약해서 사전 녹음을 했습니다. 일이 익숙해지면서 속도가 빨라졌지만, 영어를 한국어로 번역하는 작업은 여전히 쉽지 않았습니다. 그럴 때마다 PD는 "박 박사, 스피드는 정말 좋아. 디테일을 좀 더 살려보면 좋겠어"라는 피드백을 주곤 했습니다.

시간이 흐르면서 프로그램이 다양해졌고, 저의 역할도 확대되어 생방송에도 참여하게 되었습니다. 어느 날 생방송 중 갑작스러운 돌발 상황으로 인해 방송사고 위기에 직면한 순간이 있었는데, 신속한 판단과 기지를 발휘해 위기를 모면할 수 있었습니다. 방송이 끝난 후, 평소에도 칭찬을 아끼지 않던 PD는 "박 박사! 순발력 뛰어났어!"라고 웃으며 말해 주었습니다. 구체적인 상황은 기억이 흐릿하지만, 그때의 따뜻한 격려는 지금도 생생합니다. 그 경험을 통해 예상치 못한 제 모습을 볼 수 있었습니다. 급박한 상황에서도 차분함을 잃지 않고 신속하게 판단하는 능력, 그리고 위기 상황을 기회로 전환하는 순발력이라는 제 안의 가능성을 발견한 경험이었습니다.

무엇보다도 방송국에서의 경험이 의미 있었던 것은 PD의 따뜻한 격려와 신뢰가 있었기 때문입니다. 누군가가 진심으로 우리의 가능성을 알아봐 줄 때, 그 말들은 마음 깊이 새겨집니다. 이런 긍정적인 피드백들은 내면의 소중한 자산이 되어, 훗날 어려운 상황에 맞닥뜨렸을 때 용기와 힘의 원천이 되어줍니다.

'그때 침착하게 대처했던 것처럼, 지금도 할 수 있을 것'이라는 생각이 자연스럽게 떠오르며 자신감을 되찾게 됩니다. 이제 제 강점의 화수분 안에는 순발력과 속도감, 평정심이 소중한 자원으로 쌓여있습니다. 언제든 필요할 때 꺼내 쓸 수 있도록 말이죠.

우리가 다른 사람을 장점이 가득한 사람으로 만들 수 있는 가장 좋은 방법은 바로 이런 진정성 있는 인정과 칭찬입니다. 오늘도 만나는 사람들에게 칭찬 한 스푼을 전하며, 그들의 강점 화수분을 채워주는 역할을 해야겠습니다.

 내 안의 이야기

당신의 삶에서 가장 오래 기억에 남는 칭찬은 무엇인가요?
그 칭찬을 통해 자신에 대해 새롭게 발견한 강점은 무엇인가요?

리더십은 팀십!

리더십은 요즘 제가 깊이 연구하고 있는 핵심 주제입니다. 처음에는 이러한 관심이 비교적 최근에 생겨난 것이라 여겼으나, 자세히 돌이켜보니 제 삶 속에 이미 오랫동안 뿌리내리고 있었다는 것을 깨닫게 됩니다.

리더의 역할을 명확히 인지했던 때는 '재호한국유학생회' 활동 시절이었습니다. 당시 저는 리더의 지위보다 함께하는 친구들을 동기부여하고 영차영차 즐겁게 일하며 좋은 결과를 만드는 데 집중했습니다. 하지만 지금 생각해 보면, 그것이 바로 리더십의 본질이었습니다.

'재호한국유학생회' 활동을 시작하게 된 정확한 계기는 너무 오래되어 기억이 가물가물합니다만, 일과 공부로 시간적 여유가 없었음에도 유학생회 활동에 열정을 쏟았던 것을 보면, 그 안에서 무언가 가치를 발견했던 것 같습니다. 당시 '재호한국유학생회'는 시드니 소재 대학교와 비즈니스 스쿨, 그리고 인근 울런공 대학교의 유학생들까지 총 여덟 개 학교가 연합한 한국인 유학생들의 모임이었습니다. 호주라는 넓은 나라에서 유학생이 많지 않던 시절, 뉴사우스웨일스주의 시드니에 상대적으로 한국 유학생들이 집중되어 있어 연합 유학생회가 결성되었다고 들었습니다. '재호한국유학생회'는 각 대학교의 회장단 두세 명씩, 총 25명 내외가 참여하는 자발적인 조직이었고, 저는 14기 중반쯤에 합류하게 되었습니다.

유학생회 활동 중에서도 15기 편집부 활동은 제게 팀으로 일하는 것의 매력을 깊이 느끼게 해준 경험이었습니다. 다섯 명의 후배와 함께한 편집부는 최강의 팀이었다고 자부합니다. 공동의 목표를 향해 최고의 팀워크로 각자 최선의 성과를 보여주었습니다. 이때의 활동과 결과에 대한 기억은 지금도 마음에 남아 제게 소중한 '경험 자원'이 되었습니다.

당시 우리는 새롭게 유학생회지 '코사(KOSAA, Korean Overseas Students Associates in Australia)'를 계간지 형태로 발행하는 도전을 시작했습니다. 대부분의 구성원들이 학업과 아르바이트를 병행하며 시간을 쪼개어 사용했지만, 틈만 나면 시내 중심가에 있는 사무실에 모여 작업했습니다. 때로는 의견 충돌도 있고, 성격 차이로 다투기도 하고, 지치기도 했지만, 우리의 시간과 노력이 타지에서 공부하는 유학생들에게 조금이나마 도움이 될 것이라는 믿음으로 어려움을 극복할 수 있었습니다.

편집부를 이끄는 리더로서 팀의 시너지에 집중했습니다. 우리에게는 명확한 비전이 있었고, 한 사람이 모든 것을 독점하기보다는 각자가 가진 재능으로 팀에 기여해야 한다고 생각했습니다. 늘 팀 안에서 인정과 칭찬, 지지가 자연스럽게 흘렀습니다. 이 시기에 저는 팀으로 일하는 재미를 자연스럽게 익혔습니다. 리더십과 팀십은 서로 분리될 수 없습니다. 훌륭한 리더십은 좋은 팀십을 만들고, 좋은 팀십은 자연스럽게 리더십을 강화합니다. 리더 역시 팀의 한 구성원이기 때문입니다.

당시에는 리더십에 대한 명확한 개념을 갖고 유학생회를 운영한 것은 아니었지만, 돌이켜보면 그때 제 리더십 스타일이 처음으로 형성되기 시작했던 것 같습니다. 15기 편집부 활동을 성공적으로 마친 후, 다음 해에는 16기 회장이 되어 각 학교 유학생이 참여하는 연합 체육대회를 시내 한 공원에서 개최하는 등 다양한 활동을 추진했습니다.

이런 일련의 경험을 통해 저는 사람들과 함께 할 활동을 만들고, 힘을 북돋워 동기를 부여하고, '우리도 할 수 있다'는 자신감을 심어주며, 결과를 평가하고 다음 계획을 세우는 등 관리하고 이끄는 것을 즐기는 사람이었음을 깨달았습니다. 리더십을 발휘하여 파트너십을 넘어 팀십으로 성과를 만들어 내고 거기에서 성취감을 느끼는 리더의 성향이 제 안에 숨어 있었음을 발견하는 경험들이 었습니다.

리더십에 대해 좀 더 진하게 경험할 수 있었던 건 동작구어르신행복주식회사라는 특별한 조직을 만나면서였습니다. 동작구어르신행복주식회사는 동작구청에서 100% 출자해 설립한 구(區)기업입니다. 전국 226개 지방자치단체 중에서 2015년 처음으로 상법상 주식회사 형태로 설립된 조직이었죠. 이 사업의 시작은 "아침에 일어나도 갈 곳이 없다. 할 일이 없기 때문이다"라는 한 어르신의 말씀이었습니다. 이에 이창우 구청장은 30~50년 이상 동작구에 뿌리내리고 살아온 어르신들이 단순히 시간을 보내는 것이 아니라, 진정한 의미와 보람을 느낄 수 있는 일터를 만들어 제공하기로 했습니다.

전국 226개 지방자치단체 중 최초로 상법상 주식회사 형태의 구 기업을 설립한다는 것은 결코 쉬운 일이 아니었습니다. 단순히 지시하고 관리하는 방식으로는 만 61세부터 73세까지의 어르신들에게 진정한 일의 의미를 전달하기 어렵기에 새로운 리더십 방식을 고민하게 되었습니다.

바로 그때 코칭을 접했습니다. 누군가 답을 주는 것이 아니라, 제 안에 있던 답을 스스로 찾아가는 과정에서 느낀 변화와 성장은 놀라웠습니다. 이 경험이 나다운 리더십 철학을 형성하는 전환점이 되었습니다. 동작구어르신행복주식회사에서 코칭 리더십을 적용하면서 가장 중요하게 생각한 것은 어르신들과 직원들이 스스로 일의 의미를 찾도록 돕는 것이었습니다. "왜 이 일을 하는가?"에 대한 답을 강요하지 않고, 각자가 자신만의 이유를 발견할 수 있도록 질문하고 경청했습니다. 놀랍게도 사람들이 스스로 의미를 찾게 되면 행동은 저절로 따라왔습니다.

조직 운영에서도 기존의 수직적 구조 대신 파트너십을 강조하는 수평적 조직문화를 만들어갔습니다. 리더인 제가 모든 답을 가지고 있다고 생각하지 않고, 구성원 각자의 잠재력과 창의성을 믿었습니다. 직원들에게도 코칭 교육을 제공하여 서로가 서로의 코치가 될 수 있는 '강점기반 코칭 조직'을 구축해나갔습니다. 결과는 놀라웠습니다. 행정안전부의 연례 경영평가에서 해마다 90점 이상의 우수한 성적을 거두었고, 심사위원들조차 저희의 성과에 놀라곤 했습니다. 더 중요한 것은 어르신들과 직원들이 진정으로 신나서 일하는 모습을 볼 수 있었다는 점입니다. 성과를 강요하지 않았는데도 자연스럽게 좋은 결과가 따라온 것입니다.

저희의 성공 모델을 보고 성동구, 금천구, 노원구, 서초구에서도 유사한 형태의 회사들이 설립되어 운영되기도 했습니다. 지난 시절 단순히 '영차영차' 하며 동기를 부여하던 방식에서, 각자의 내면에서 동기를 스스로 찾아낼 수 있도록 돕는 성숙한 리더십으로 성장할 수 있었던 것은 코칭 덕분이었습니다.

좋은 리더십은 명확한 비전 제시, 효과적인 의사소통, 강력한 영향력, 결단력, 문제 해결 능력, 인재 육성, 진정성(솔선수범) 등 다양한 요소를 포함합니다. 리더십은 고정된 특성이 아니라 시대와 상황에 따라 발전하고 변화하는 역량입니다.

특히 자신에게 어떤 리더십 스타일이 맞는지 살펴보는 것이 중요합니다. 각 사람의 특성에 따라 리더십 스타일이 다를 수 있기 때문입니다. 최근 빅데이터 전문가 송길영 작가의 『시대예보: 핵개인의 시대』를 읽으며, 앞으로는 보편적인 리더십 개념보다 '핵개인'에게 맞는 리더십 유형을 개발하는 맞춤형 리더십 코칭이 필요하다는 인사이트를 얻었습니다.

어떤 정형화된 리더십 유형을 따르기보다는 각 개인의 고유한 특성을 이해하고 그것을 활용할 수 있도록 돕는 방법이 더욱 중요해진 시대입니다. '나의 리더는 나 자신'이라는 말처럼 우선 어떤 리더십을 적용할 것인지, 나에게 먼저 시도해 볼 것을 권합니다. 무엇보다도 나 자신의 진정한 리더가 되는 것. 이것이 리더십의 시작점일 것입니다.

🗝 내 안의 이야기

핵개인 시대에 맞는 당신만의 리더십 스타일을 어떻게 정의하시겠습니까?

내가
무대 울렁증이라고?!

봉하마을에서 일하던 시절, '무대 울렁증'이 찾아온 적이 있습니다. 내향적 성향이라 사람들 앞에 나서기를 특별히 즐기는 편은 아니었지만, 그렇다고 대중 앞에서 말하는 것을 극도로 꺼리는 사람도 아니었습니다. 그런데 어느 순간부터 사람들 앞에 서면 극심한 긴장감이 밀려오고, 준비했던 말들이 머릿속에서 하얗게 지워지는 경험을 하게 되었습니다.

어쩌다 제가 무대 울렁증을 겪게 되었을까요? 이 질문에 대해 깊이 생각해 보았습니다. 여러 이유가 있겠지만, 대통령 내외를 보좌하며 눈과 귀는 열려있었지만 입은 다물어야 했던 9년이라는 시간이 가장 큰 영향을 미쳤으리라 생각합니다. 물론 저처럼 누군가를 보좌하는 역할을 맡았던 모든 이들이 같은 경험을 했다고는 할 수 없지만, 저에게 이 기간은 분명 깊은 흔적을 남겼습니다. 제가 하는 말 한마디 한마디가 단순히 개인의 발언을 넘어 대통령 내외분의 의중이나 생각으로 와전될 우려가 컸기에, 누구의 지시가 있었던 것도 아닌데 스스로 항상 조심스러웠습니다.

지금 돌이켜 보면 그토록 경계할 필요까지는 없었는데, 저 자신을 '누가 되어선 안 된다, 조심해야 한다'는 프레임 속에 가두었습니다. 그 결과 얻은 것도 있었지만, 모든 선택에는 빛과 그림자가 공존하듯 잃은 것도 있었습니다. 특히 제 커리어 측면에서는 아쉬움이 많이 남았습니다. 역할의 특성상 저는 늘 그림자 역할로 존재해야 한다고 여기며 실제로도 그렇게 행동했습니다. 그러다 보니 어느 순간부터는 제 생각이 있어도 표현하는 것을 자제하게 되었고, 단순히 전달자로서 해야 할 역할에만 자신을 한정 지었습니다. 결국 제 생각을 표현하는 일이 익숙지 않게 되었고, 친구들과의 만남에서조차 주로 듣기만 하는 사람이 되어 있었습니다.

무대 울렁증을 처음 인지하게 된 계기는 중요한 회의 자리에서였습니다. 노무현 대통령 서거 이후, 봉하마을을 조성하는 일이 중요한 과제 중 하나였습니다. 노무현 대통령 기념관 조성을 위해 권양숙 여사, 강금원 창신섬유 회장 내외와 대통령과 함께했던 몇몇 인사들과 함께 미국과 유럽의 관련 시설들을 견학했습니다.

특히 미국의 닉슨 대통령 생가 방문은 저에게 깊은 인상을 남겼습니다. 작고 한적한 마을에 닉슨 대통령의 생가와 기념관, 도서관이 조화롭게 조성된 모습을 보며, 봉하마을도 노무현 대통령을 추모하는 방문객들과 연구자들이 찾아오는 의미 있는 공간으로 만들고 싶다는 생각이 들었습니다.

다행히 봉하마을에는 이미 노무현 대통령의 묘역을 중심으로 생가, 기념관, 사저가 잘 조성되어 있었고, 사계절 내내 많은 방문객이 찾는 장소가 되었습니다. 해외 견학을 마치고 봉하로 돌아온 후, 우리의 경험과 벤치마킹 내용을 정리하여 참여정부 고위직 출신 인사들로 구성된 묘역추진위원회에 공유하는 자리가 마련되었습니다. 그 자리에서 저는 프랑스 드골 기념관 방문 경험을 정리하여 발표하게 되었습니다.

여사를 비롯한 고위직 인사들, 재단 관계자들, 그리고 동료들이 함께한 회의 자리였습니다. 함께 견학했던 비서관들이 나누어 재단 관계자들에게 브리핑하고, 우리가 배울 점과 적용 방안에 대해 논의했습니다. 앞선 발표들이 모두 끝나고 제 차례가 되었습니다.

저는 드골 대통령 마을을 둘러본 경험에 대해 사진 자료를 보여주며 그곳에서 배우고 느낀 점, 그리고 우리가 적용할 수 있는 부분들을 설명하는 간단한 발표였습니다. 사실 단순히 경험한 것을 전달하는 일이었는데, PPT 자료를 띄워 사진을 보여주며 발표를 시작하는 순간, 갑자기 마우스를 움직이는 제 손이 사정없이 떨리기 시작했습니다.

목소리마저 떨리고, 제가 무슨 말을 하고 있는지 제 목소리가 마치 멀리서 들려오는 듯한 이상한 느낌이 들었습니다. 오히려 저보다 주변에 계신 분들이 더 당황해하는 모습이 보였습니다. 너무나 당황스럽고 민망했던 그 시간이 어떻게 지나갔는지도 모른 채 발표는 마무리되었습니다.

저는 이날 굉장히 충격을 받았습니다. 잊고 싶은 기억이고 어쩌면 자칫 트라우마로 남을 수 있는 상황이었지만, 그 괴로운 시간을 회피하지 않고 극복하고자 하는 의지가 남아있었습니다. 다행히 인복(人福)이 저를 구해주었습니다. 든든한 멘토였던 청와대 시절 초대 부속실장을 지낸 김경륜 실장은 언제나 저를 격려하고 지지해 주었습니다. 거의 세 시간 동안 그날 있었던 일에 대해 털어놓으며 속상했던 마음을 나누었고, 진심 어린 위로를 받았습니다. 판단하지 않고 격려하며 지지해 주는 긍정적 피드백 덕분에 마음이 한결 가벼워졌습니다.

너무 힘든 상황일 때 아무런 판단이나 잣대 없이 이야기를 들어주는 사람이, 단 한 명이라도 있다는 것이 얼마나 큰 힘이 되는지 이때의 경험을 통해 온몸으로 깨닫게 되었습니다. 저 역시 자칭 타칭 '대나무밭' 역할을 하는 사람이라 누군가 힘들 때 연락을 종종 받습니다. 이때 제 생각으로 그 사람의 이야기를 평가하거나 판단하고 있는 것은 아닌지 늘 돌아보게 됩니다. 상대는 자기가 겪은 일에 대해 이해하고 공감받기를 원합니다. 조언도 필요하지만, 그것은 충분히 공감받은 다음의 일입니다. 이번 경험도 그랬습니다. 온전히 제 이야기를 들어줬기에 속상했던 감정이 존중받는다고 느꼈고, 무대 울렁증을 피하지 않고 극복해야 할 도전 과제로 받아들일 수 있었습니다.

이처럼 무한한 지지를 보내주는 사람은 가장 취약한 순간에도 나를 있는 그대로 바라봐 주는 따스한 존재이며, 말로 표현할 수 없는 깊은 안도감을 줍니다. 저는 얼마나 사람 복이 많은지 모릅니다. 마치 어두운 터널을 지나는 이에게 누군가 손전등을 비춰주듯, 저도 언젠가 제가 받은 이 귀중한 빛을 다른 이들에게 전하고 싶다는 소망을 갖게 된 것도 저에게 빛을 나눠준 많은 마음들 덕분입니다. 그날의 떨림과 당혹감은 역설적으로 저에게 새로운 여정의 시작점이 되었습니다. 무대 위에서 목소리가 떨리고 손이 떨리던 그 순간들이, 지금은 제가 다른 이들의 떨림을 이해하는 공감의 언어가 되었거든요. 발표 앞에서 느끼는 그 숨 막히는 두려움, 자기 생각이 머릿속에서 하얗게 지워지는 그 낯선 경험을 누구보다 깊이 이해하게 된 것이죠. 이제 저는 커뮤니케이션 코치로서 비슷한 두려움의 강을 건너는 이들의 손을 잡습니다. 그들의 이야기에 귀 기울일 때면, 그날 제 이야기를 들어주었던 실장의 따스한 눈빛이 떠오릅니다. 판단하지 않고, 무언가를 해결해 주려 서두르지 않고, 그저 그 사람의 감정이 흐르는 대로 함께 걸어주는 것. 제가 받았던 그 치유의 순간들을 이제는 제가 다른 이들에게 건네는 선물이 되었습니다.

　상처가 치유되어 단단해진 자리에서 피어나는 꽃처럼, 저의 가장 취약했던 순간이 오히려 가장 강한 연결의 지점이 되었습니다. 어쩌면 이것이야말로 우리가 모두 각자의 방식으로 경험하는 인생의 아름다운 아이러니가 아닐까요.

인생의 가장 취약했던 순간, 오히려 강한 연결로 이어졌던 경험이 있나요?

해결 과제는
삶의 강력한
동기가 되어

사람의 시선은 그 사람의 다양한 환경, 직간접적 경험에서 나옵니다. 특히 직접 경험을 한 경우에는 더욱 그러합니다. 그것이 세계관이고 관점이며, 프레임이자 우리가 말하는 '시선'이라 할 수 있습니다. 저 역시 무대 울렁증이라는 직접적 경험을 통해 자연스럽게 커뮤니케이션으로 관심과 시선이 이어졌습니다. 아이러니하게도 호주에서도 커뮤니케이션으로 석사를 취득했으니, 이쯤 되면 단순한 우연이 아닌 숙명이라 표현해도 될까요?

제가 이런 이슈를 겪게 되자, 의외로 저와 비슷한 불편함을 안고 살아가는 사람들이 주변에 많이 보이기 시작했습니다. 저와 같은 무대 울렁증이나 발표 불안증을 겪고 있는 이들의 마음을 깊이 이해하게 된 것이죠. 누구보다 이 문제를 해결하고 싶은 마음이 간절했고, 같은 어려움을 느끼는 사람들을 돕고 싶은 열망이 커졌습니다. 그러려면 결국 제가 먼저 무대 울렁증을 극복하는 길밖에 없었습니다. 해결해야 할 과제, 극복해야 할 도전이 있다는 것은 언제나 제 삶의 강력한 동기가 되어왔으니까요.

재미있는 것은 주변에서는 저의 이런 깊은 고민을 전혀 알아채지 못했다는 점입니다. 발표 중 심하게 긴장하고 떨었던 그 충격적 경험 이후로, 사람들 앞에 설 때마다 몸이 자연스레 긴장하고 있다는 것은 오직 스스로만 느끼는 일이었습니다. 사실 사람들은 다른 이에게 그렇게 큰 관심을 두지 않습니다. 어떤 이들의 인식 속에서 저는 긴장은커녕 오히려 말을 잘하는 사람으로 여겨졌습니다.

저는 홀로 이 문제를 어떻게 해결할지 다양한 방법을 모색하게 되었습니다. 가장 손쉬운 방법은 서점으로 달려가 '발표 불안'이나 '무대 울렁증'에 관한 책을 찾아 읽는 것이었습니다. '말 잘하는 법', '말하기 기술', '프레젠테이션 잘하는 법' 등 다양한 말하기 방법론 책들이 실용적인 팁과 저자의 경험담을 통해 해결책을 제시하고 있었습니다.

책을 통해 방법론은 이해할 수 있었지만, 제 불안한 심리 상태까지 완전히 해소하기에는 한계가 있었습니다. 책에서 이야기하는 내용이 진정으로 제 것이 되려면, 소개된 방법들을 직접 체험해 보고 어떤 접근법이 저에게 가장 적합한지 찾아내야 했습니다. 비로소 아는 것(Knowing)과 실제로 행하는 것(Doing)이 얼마나 다른지를 깨달았습니다.

　이때부터 사람들의 말하는 스타일을 유심히 관찰하는 습관이 생겼습니다. 원래도 사람 관찰을 좋아했지만, 이즈음부터는 특히 말하는 표현 방식과 스타일에 더 주의를 기울이게 되었습니다. 그러면서 제가 선호하는 말하기 스타일도 찾아가게 되었습니다. 마치 청진기를 귀에 꽂은 의사처럼, 사람들의 목소리와 말투, 그리고 그 사이에 숨겨진 리듬과 호흡을 읽어내려 했습니다.

　의미 있는 경험 하나는 예술경영문화센터의 '커넥션 살롱 토크'에 참여했을 때였습니다. 두 발표자의 스타일이 대조적이었는데, 한 사람은 말을 능숙하게 잘했지만, 너무 빠르게 말해 내용 전달력이 떨어졌습니다. 다른 한 사람은 '너무 떨린다. 떨어서 죄송하다'라는 말로 발표를 시작했습니다. 흥미롭게도 '떨린다'고 말한 발표자는 실제로는 목소리나 표정에서 떨림이 거의 보이지 않았습니다. 다만 가끔 깊게 숨을 들이쉬는 모습에서만 긴장이 느껴졌습니다. 그런데 본인이 떨림을 언급함으로써 오히려 청중이 그 긴장감을 더 의식하게 되었습니다. 하지만 천천히 말하는 덕분에 내용 전달은 더 효과적이었습니다. 요즘은 취약성을 공유하는 것이 중요한 소통 방식으로 여겨지지만, 이 경험을 통해 청중을 불필요하게 긴장시킬 필요는 없다는 인사이트를 얻었습니다. 때로는 자신의 불안을 드러내지 않는 것이 오히려 청중과 나 모두를 편안하게 하는 방법일 수 있다는 역설을 발견한 것입니다.

두 번째 의미 있는 경험은 대표적 강연 플랫폼 '세바시'를 통해서입니다. 특히 기억에 남는 건 문화콘텐츠 관련 분야의 한 교수의 강연이었습니다. 무대 위에서 반듯한 자세로 서서 조용하고 차분한 음성으로 강연을 진행했습니다. 화려한 제스처나 자극적인 표현, 압도적인 카리스마 같은 것은 없었습니다. 그럼에도 지금까지도 강사의 단아하고 품격 있는 모습이 뚜렷한 기억으로 남아 있습니다. 마치 조용한 봄비가 대지를 적시듯, 그분의 스피치는 청중의 마음 속에 자연스럽게 스며들었습니다. 그때 비로소 깨달았습니다. 말하기에도 다양한 색깔이 있으며, 제가 진정으로 선호하고 지향하는 스피치 스타일은 바로 이런 것이라고.

첫 사례의 두 번째 연사와 세바시의 두 연사는 어쩌면 대중적 기준에서 볼 때 특별히 유려하게 발표를 잘하는 모습은 아니었을지도 모릅니다. 일반적으로 말을 잘한다고 여겨지는 사람들의 공통된 특징은 카리스마로 청중을 휘어잡으며 몰입도를 높이는 강연 스타일입니다.

그럼에도 저는 이 경험을 통해 차분하면서도 자신의 콘텐츠를 진정성 있게 전달하고자 최선을 다하는 모습 역시 강력한 전달력을 가질 수 있다는 것을 발견했습니다. 이 발견은 제게 큰 위안이 되었습니다. 저도 저만의 고유한 스타일을 개발하고 싶다는 욕구가 일어났고, 책과 사례 관찰을 통해 얻은 간접 경험들이 그동안 느꼈던 갈증을 조금씩 해소해 주었습니다.

이론과 관찰을 넘어 이번에는 직접 배워보고 싶어 종로의 한 스피치 학원에 등록했습니다. 첫 수업에서 40여 명 규모의 강의실이 꽉 찰 정도로 많은 사람이 참여한 모습을 보고 깜짝 놀랐습니다. 이렇게나 많은 사람이 나와 같은 고민을 안고 있다니.

강사는 강의가 시작되자 수강생들에게 이곳에 오게 된 동기를 한 사람씩 발표하도록 했습니다. 인사도 연습이라는 의도였죠. 수강생들은 한결같이 '사람들 앞에서 말하기 싫다', '너무 긴장된다', '손에 땀이 난다', '머리가 하얗게 된다', '내가 무슨 말을 하고 있는지 모르겠다'고 털어놓았습니다. 그럼에도 저를 포함한 모든 수강생에게서 '나도 말을 잘하고 싶다'는 공통된 열망이 느껴졌습니다. 각자의 이유와 배경은 달랐지만, 우리 모두 같은 목표를 향해 그 자리에 모여 있었던 것입니다. 마치 파도 위에서 각자의 균형을 찾으려는 서퍼들처럼, 우리는 모두 자신만의 방식으로 무대라는 파도와 춤추는 법을 배우고 있었습니다.

이제 저는 무대 울렁증과의 여정이 단순히 극복해야 할 장애물이 아니라, 제 안에 있던 진정한 목소리를 찾아가는 과정임을 깨달았습니다. 누구나 자신만의 색깔과 리듬이 있듯이, 말하기에도 개인의 개성과 진정성이 담긴 스타일이 있습니다.

화려한 수사와 압도적인 카리스마가 아니더라도, 차분하고 진중하게 자신의 이야기를 전달하는 것. 그것이 바로 제가 추구하는 말하기의 모습입니다. 무대 위에서 떨리는 순간들을 지나 발견한 이 진실은, 이제 다른 이들의 떨림을 이해하고 함께 걸어가는 이정표가 되었습니다.

　어쩌면 우리는 모두 자신만의 목소리를 찾아가는 여정 위에 있는지도 모릅니다. 무대 위의 떨림이 우리에게 가르쳐 준 것은, 완벽함이 아닌 진정성이 사람의 마음을 움직인다는 단순하지만 깊은 진리였습니다.

내 안의 이야기

가장 나다운 목소리에 대해 생각해본 적 있나요?

무대 울렁증이 코칭으로 이어지다

　퇴근 후 스피치 학원에서의 수업은 배움과 함께 위로의 시간이었습니다. 함께 한 많은 수강 동료의 이야기를 들으며 무대 울렁증이 나만 그런 것이 아니라는 사실에 안도감을 느꼈습니다. 그러나 학원 수업의 한계는 명확했습니다. 책에서 익힌 내용을 많은 사람 앞에서 시도하는 실험의 장이었을 뿐, 저에게는 맞춤형 지도가 필요하다고 느꼈습니다. 40여 명의 수강생이 함께하는 수업에서는 개인의 필요에 집중할 수 없는 구조였고, 저는 더 빠른 성장을 갈망했기에 일대일 스피치 전문가를 찾아 나섰습니다.

　흥미롭게도 일대일 스피치 강사는 제게 예상치 못한 조언을 해주었습니다.

　"긴장되는 마음을 걷어내면 문제가 없어요."

　그동안 저는 표현 방법이 부족하다고만 생각했는데, 정작 제 문제는 마음의 상태에 있었던 것입니다. 방법론적 결함이 아니라 순간적으로 치솟는 불안감이 문제였습니다. 이 깨달음은 작지만, 중요한 전환점이 되었습니다.

이처럼 무대 울렁증을 극복하기 위해 다양한 노력을 기울여왔습니다. 사람들이 무대 위에서 어떻게 말하고, 표현하고, 서 있는지 관찰했고, 책을 통해 방법론을 익혔으며, 전문가의 조언을 구했습니다.

업무상 늘 사람들 앞에서 말해야 했는데 여전히 눈에 띄는 진전은 느끼지 못했습니다. 그러던 어느 날, 인생의 터닝포인트가 찾아왔습니다. 청와대에서 함께 일했던 후배의 코칭 제안이었습니다. 사실 이 제안의 계기는 무대 울렁증과는 무관했습니다. 당시 저는 앞으로 어떻게 살아야 할지, 제가 정말 원하는 것이 무엇인지 깊이 고민하던 시기였거든요. 모처럼 가진 저녁 식사 자리에서 제 커리어 고민을 나눈 것이 후배의 마음에 남았나 봅니다. 며칠 후, '저와 코칭 해보실래요?'라는 그 한마디가 제 인생의 방향을 바꾸게 될 줄은 그때는 몰랐습니다. 우리는 두 달간 8회기의 코칭 계약을 정식으로 맺었습니다. 바쁜 일정 때문에 결국 5회기로 마무리하게 되었지만, 그 짧은 시간 동안 제가 스스로 행동하고 변화하는 모습을 보면서 새로운 실마리를 발견할 수 있었습니다.

코칭 첫날, 주제를 탐색하는 과정에서 저는 앞으로의 커리어

개발에 관해 이야기하고 싶었습니다. 자연스럽게 여러 주제가 떠올랐을 때, 코치는 어떤 이슈에 집중하고 싶은지 물었습니다. 그 순간 저는 선택과 집중의 관점에서 제게 가장 시급한 도전은 무대 울렁증 극복이라는 사실을 코칭을 통해 확인했습니다. 이 문제가 제 삶에서 차지하는 비중이 얼마나 큰지 비로소 명확히 보이더군요. 코칭의 힘이었습니다.

코칭 과정에서 저는 왜 일대일 상황이나 소규모 대화에서는 긴장하지 않는지, 왜 사람들의 주목을 받을 때면 어김없이 몸에 힘이 들어가고 목소리가 떨리는지에 대해 깊이 탐색할 수 있었습니다. 다섯 번의 코칭만으로 모든 근본적인 원인을 찾아낸 것은 아니었지만, 방법론을 찾기에 앞서 왜 이런 일이 일어나는지 원인을 분석하는 시간을 가진 것은 매우 의미 있는 과정이었습니다. 무엇보다 제 안의 불편하고 불안한 감정들을 코치에게 솔직하게 털어놓는 것만으로도 위로가 되고 무거운 짐이 덜어지는 듯 가벼워졌습니다.

이야기를 풀어내고 나니 제가 무엇을 하고 싶은지, 어떻게 문제를 해결하고 싶은지 스스로 찾아가는 저를 발견할 수 있었습니다. 코치는 자신의 방식을 강요하지 않았고, 제가 스스로 답을 찾도록 도울 뿐이었습니다.

코칭에서 가장 중요한 것은 각 세션 이후 다음 코칭까지의 기간(Between the session) 동안 스스로 계획한 것을 실행하는 일입니다.

저는 이 시간을 통해 무대 울렁증 극복을 위한 작은 도전을 시도하며 소소한 성취를 쌓아갔습니다. 특히 의미 있었던 도전은 성장 커뮤니티 플랫폼 '위즈돔(Wisdom)'에 '두근두근 이제 Good bye~ 무대 울렁증 극복하기'라는 모임을 직접 개설한 일이었습니다. 세 차례에 걸쳐서 모임을 운영하며 매번 참가자들의 피드백을 받았습니다. 스피치 학원에서 이미 경험했듯이, 저와 같은 고민을 하는 사람들이 많았습니다. 저 역시 극복하고 싶었지만, 동시에 같은 어려움을 겪는 사람들을 돕고 싶은 마음도 컸습니다. 이 도전은 모임을 개설하고 낯선 사람들과 함께 대화하는 과정에서 새로운 저를 발견하는 시간이었습니다. 놀랍게도 참가자들은 제가 무대 울렁증으로 고민하고 있다는 사실을 전혀 눈치채지 못했다며 오히려 저를 격려해 주었습니다.

코칭을 통한 작은 성취들이 제 변화의 시작점이 되었습니다. 이러한 과정을 거쳐 저는 한 회사의 대표가 되어 회사를 이끌고, 지금은 전문 코치로 활동하며 고객들 앞에 서곤 합니다. 과거의 제가 상상조차 할 수 없었던 일들을 해내고 있는 모습을 볼 때마다 자신을 칭찬합니다. 물론 여전히 긴장감은 있습니다. 하지만 이제는 사람들 앞에서 제 생각을 표현하고 강의하는 일이 자연스럽습니다. 국민 MC 유재석도 무대에 오르기 전 긴장한다고 하는데요. 중요한 건 긴장 자체가 아니라 그것을 어떻게 다루느냐의 문제였습니다.

어떻게 이런 변화가 가능했을까요? 회피하지 않고 용기를 내어 도전하는 마음이 있었기에 가능했습니다. 저는 수많은 실패와 성공을 반복하면서 조금씩 성장했습니다. 결국 어떤 것도 단번에 이루어지지 않습니다. 특히 어려운 과제일수록 더욱 그렇습니다. 회피하고 포기하고 싶은 마음을 접어두고, 실패를 통해 단단해지며, 작은 성공들로 자신감과 성취감을 쌓아가며 한 걸음씩 나가는 것, 그것이 제가 찾은 방법이었고, 지금은 그 경험을 바탕으로 다른 이들의 작은 성공을 응원하는 역할을 합니다.

한때 제게 무대는 두려움의 공간이었지만, 이제는 제가 다른 이들에게 손을 내밀어 그들의 두려움을 함께 건너는 장소가 되었습니다. 인생의 우연한 도전이 때로는 가장 값진 선물이 될 수 있음을 보여주는 작은 증거가 아닐까요.

내 삶의 가치는 무엇인가요?

"나에게는 하나의 영혼이 존재하듯, 친구란 또 하나의 영혼이다."
대학 시절 다이어리가 바뀔 때마다 가장 먼저 써넣은 글입니다. 출처가 정확하게 기억나지 않지만, 아마도 아리스토텔레스의 『니코마코스 윤리학』에 나오는 "우정은 두 개의 몸 안에 깃든 하나의 영혼이다.(Friendship is a single soul dwelling in two bodies.)"라는 표현의 변주가 아닐까 싶습니다.

어떻게 이 문구를 오랫동안 가슴에 품게 되었을까 생각해 봅니다. 삶의 가치가 가진 의미를 명확히 이해하기도 전에 이 말에 이끌렸다는 것은, 제 삶이 이미 자연스럽게 이 문장을 중심으로 흘러오고 있었음을 알 수 있습니다. 우정은 어린 시절 제 가슴 속에 단단히 자리하며 삶의 한 시절을 형성해 온 가치입니다. 1986년에 출간되어 크게 유행했던 유안진의 〈지란지교를 꿈꾸며〉라는 시를 특별히 애착했던 것도 그렇고, 그 당시 제게 친구란 영혼과 맞닿은 소중한 존재였음은 분명합니다.

연륜이 쌓이면서 제 관점과 가치관은 더욱 다양해졌습니다. 특히 일을 통해 얻은 경험과 앎들이 제 가치관 형성에 큰 영향을 미쳤습니다. 대학을 마치고 무역회사에서 첫 직장 생활을 시작했다가 우연히 유학의 기회를 붙잡았을 때, "모든 것에는 때가 있고, 그 기회를 알아보려면 미리 준비하고 있어야 한다"는 말을 체감했습니다. 불문학을 전공했지만, 꾸준히 영어에 투자했던 덕분에 조교 선배의 추천으로 취업 기회를 얻었던 일, 프랑스를 꿈꿨지만 예상치 못하게 호주에서 유학하게 된 경험은 인생의 흐름을 억지로 통제할 수 없다는 소중한 깨달음을 안겨주었습니다. 그렇다고 노력하지 말라는 의미가 아닙니다. 결실이 보이지 않더라도 실망할 필요가 없다는 것입니다. 때가 오지 않았을 뿐이니까요. 무작정 기다리는 것이 아니라 최선을 다하다 보면 분명 기회가 찾아옵니다. 그리고 지금 열심히 하는 무언가를 주변에 적당히 알리는 것도 중요합니다. 기회란 언제 어디에서 올지 모르고, 의외로 가까운 사람을 통해 오기 때문이지요.

제 삶을 이끄는 또 다른 가치는 '준비'와 '도전'입니다. 저는 '준비한다'는 것은 '앞서 생각한다'는 의미로 받아들입니다. 반복적이거나 안정적인 일보다는 새로운 것을 추구하는 성향 덕분에, 자연스럽게 과거보다 현재와 미래에 더 관심이 많습니다. 덕분에 저는 트렌드를 파악하는 데 시간을 들이는 편입니다. 예전에는 잡지를 즐겨 읽었고, 지금은 다양한 뉴스레터를 구독합니다. 제 이메일함에 쌓인 뉴스레터들은 단순한 정보의 집합이 아니라, 제 관심사를 보여주는 지도이자 미래의 흐름을 파악하는 중요한 도구입니다. 물론 이런 성향은 때로는 표면적 지식에만 머물 위험도 있어, 필요할 때마다 깊이 파고드는 노력으로 균형을 찾고 있습니다.

제 삶의 선택 기준이 되는 또 하나의 가치는 '기회 포착'입니다. 구글의 에릭 슈밋이 메타의 전 운영 책임자 셰릴 샌드버그에게 했던 "로켓에 자리가 나면 일단 올라타라"는 조언은 제 의사결정에 중요한 나침반이 되고 있습니다. 새로운 분야로 전환하는 흐름에서는 타이밍을 놓치면 기회 자체를 잃을 수 있기에, 저는 '먼저 시작하고, 그다음에 고민하는' 방식을 택합니다. 이런 도전을 두려워하지 않는 태도는 제 성향과 완벽히 맞아떨어졌고, 지금도 인생의 갈림길에 선 이들에게 자주 전하는 조언입니다.

의식하든 아니든 삶의 가치관과 가치들은 그 사람의 행동, 선택, 방향성을 결정하는 중요한 요소입니다. 자신의 가치관과 추구하는 가치들을 명확히 알고 있다면, 삶의 질을 높이고 올바른 선택을 하며 풍요로운 관계를 형성하는 데 큰 도움이 될 수 있겠지요. 이를 통해 우리는 더 의미 있는 삶을 살아갈 수 있습니다.

때로는 '이 길이 맞는 걸까?', '지금 내가 잘 가고 있는 걸까?' 마음속 방향 감각이 흔들리는 순간들이 찾아옵니다. 그때마다 제 손을 이끄는 가치는 존중, 창의성, 행동, 유연성, 기여입니다. 삶의 가치들 덕분에 방황의 시간이 찾아와도 두렵지 않습니다. 그저 잠시 멈춰서서 캄캄한 밤하늘의 북극성을 바라보면 됩니다. 그 빛은 언제나 그 자리에서 제게 분명한 방향을 제시해 주니까요.

저는 지금 서 있는 곳에서 늘 이 가치들을 최우선으로 삼아 숙고하고, 의사결정을 하고, 행동합니다. 그것이 바로 가치 중심적 삶의 본질이니까요. 이 가치들은 모든 선택의 순간에 조용히 제 손을 잡아 이끕니다.

때로는 '존중'이 앞장서서 저를 이끌고, 또 다른 때는 '행동'이 선두에 서기도 합니다. 그때그때의 맥락과 상황, 내 마음의 상태에 따라 이 다섯 가치는 조화롭게 어우러집니다. 어떤 날에는 '창의성'과 '기여'가 주도적인 역할을 하고, 또 다른 날에는 '유연성'이 전면에 나서기도 하죠. 그저 그 순간에 가장 필요한 가치가 자연스럽게 떠오르도록 내면의 지혜를 믿는 것입니다. 이렇게 가치와 함께 춤을 추듯 살아갈 때, 우리는 진정한 자기 경영의 예술가가 됩니다.

코칭 과정에서 "코치님의 삶의 가치는 무엇입니까?"라는 질문을 받을 때, 망설임 없이 다섯 가지 가치를 말하면 질문을 던진 상대방은 놀라곤 합니다. 아마 명확하게 자신의 가치를 말할 수 있는 사람을 보기 드물기 때문이죠. 사실 저도 가치지향적인 삶을 살게 되기까지 쉽지 않은 과정을 거쳤습니다. 이 확신에 찬 대답 뒤에는 5년이라는 긴 시간이 필요했거든요.

사람사는세상 노무현재단에서 일할 때 저는 "우리는 노무현 대통령의 가치와 철학을 이어가는 일을 합니다"라는 말을 반복하곤 했습니다. 그분의 '원칙과 상식'이라는 가치는 너무나 훌륭했고, 저는 그 가치를 지향하는 대통령에게 매료되어 일했습니다. 그러나 어느 순간, "정작 내가 추구하는 가치는 무엇인가?"라는 질문이 떠올랐습니다.

이전에는 '일을 잘해서 인정받고 싶다'는 외부적 동기에 집중했다면, 이제는 '나는 무엇을 좋아하는 사람인지, 무엇을 하고 싶어 하는 사람인지'와 같은 내면의 질문으로 시선을 돌렸습니다. 그때부터 자기의 가치를 찾는 여정이 시작되었습니다. 처음부터 자신의 가치에 대해 확고한 사람들도 있지만, 대부분은 이 질문에 선뜻 대답하지 못합니다. 인식하지 못했을 뿐, 자신이 추구하는 가치와 일치하지 않는 삶으로 인해 많은 고민과 불편함 속에 살고 있음에도 말이죠.

단단히 뿌리 내린 제 삶의 가치들은 5년이라는 시간 동안 자신과 끊임없는 대화 속에서 차곡차곡 쌓아온 자기 이해의 결실입니다. 저는 조금 행동이 빠른 편입니다. 자라온 환경 속에서 형성된 성격과 기질일 수도 있고, 직업병이기도 합니다. 언행일치가 중요하다고 느끼는 사람이라 말하면 행동이 따라와야 한다고 생각합니다. 일단 시작한 후 수정, 보완, 개선하는 마음가짐이죠. 이런 태도가 자연스럽게 '행동'이라는 가치를 제 삶의 우선순위에 놓게 되었습니다.

창의성의 가치는 '아티스트'가 되고 싶은 열망에서 시작되었습니다. 전통적인 의미의 예술가는 아니지만, 간절히 원했기에 어떻게 하면 아티스트가 될 수 있겠느냐는 고민이 이어졌습니다. 인생 1막을 마무리하며 떠오른 정체성이 바로 '라이프 디자인 아티스트(Life design artist)'였습니다. 저는 제 삶을 제 방식대로 멋지고 당당하게 디자인하고 싶었습니다. 이것이 '창의성'을 제 삶의 가치로 두게 했습니다.

긴 자기 발견의 여행길에서 코칭을 만났습니다. 코칭을 통해 저는 내 안의 진정한 모습, 있는 그대로의 제 존재와 마주할 수 있었습니다. 국제코칭연맹(ICF)의 철학인 '모든 사람은 창조적이고, 자원이 풍부하며, 전인적'이라는 문장에서 인간에 대한 존중의 가치를 발견했습니다. 이전에는 저 자신이 자기애가 강하다고 생각했지만, 그것이 '존중'의 다른 표현임을 깨달았습니다. 타인을 존중함과 동시에 자기 자신을 존중하고, 또한 존중받는 삶을 살기 위해 노력하게 되었습니다.

저 자신을 은유로 표현한다면 맑고 깨끗하게 흐르는 시냇물입니다. 맑은 시냇물처럼 순수함을 유지하면서도, 바위나 나뭇가지를 만나더라도 유유히 흘러갈 수 있는 사람, 고여 있지 않고 끊임없이 흐르는 사람이 되고 싶습니다. 이 이미지가 '유연성'이라는 가치로 표현되었습니다. 과거 한 상사와의 갈등에서, 제가 그분을 유연하지 못하다고 답답해했던 기억이 있습니다. 지금 돌아보니, 오히려 제가 그분을 유연하게 바라보지 못했다는 것을 깨닫습니다. 진정한 유연성은 다름을 인정하고 포용하는 데서 시작됩니다.

마지막 가치인 '기여'는 특별한 경험을 통해 찾았습니다. 다섯 번째 가치로 '선한 영향력'을 주는 사람이라는 말을 주변에서 종종 해 '영향력'이라는 가치도 고려했지만, 마음에 와닿지 않았어요. 그러던 중 한 그룹 코칭 워크숍에서 '기여'라는 단어가 눈에 들어왔습니다. 그 순간 깨달았죠. 제가 원하는 것은 누군가에게 '영향력'을 끼치는 것이 아니라 '기여하는 것'이었습니다!

그렇게 5년 동안의 가치 찾기 여정이 마무리되었고, 그 후 4년이 더 흘렀습니다. 이 가치들을 가슴에 품고 살아가는 저는 늘 든든함을 느낍니다. 지금의 가치가 영원할 것으로 생각하지 않습니다. 변화할 수도, 그대로 갈 수도, 새로운 것이 추가될 수도 있습니다. 그럼에도 이 다섯 가지 가치를 찾고 난 후의 삶은 매일이 충만함으로 가득 차 있습니다.

삶에서 구름이 끼고 비바람이 칠 때도, 쨍한 날에도 '나는 잘 가고 있나요?'라는 질문을 스스로에게 던져 보는 건 어떨까요. 그 질문에 'Yes'라고 답할 수 있다면 자신의 가치대로 잘 살아가고 있다는 의미입니다. 어떤 답이 나오든 괜찮습니다. 삶은 늘 그런 것이니까요.

하지만 무엇 때문에 그런지 알게 되면, 괜찮지 않은 삶도 견딜 수 있고 극복할 수 있습니다. 저는 종종 제 삶이 아름답고 행복하다고 느끼곤 합니다. 이 모든 것은 제 삶의 든든히 자리 잡은 다섯 가지 가치들 덕분입니다.

존중, 창의성, 행동, 유연성, 기여!
고마워, 앞으로도 잘 부탁해!

보석처럼 빛나는 멘티들

 대학교 시절, 저는 대학교에서 일하면 좋겠다는 막연한 꿈을 품었습니다. 교수라는 직업을 향한 열망이라기보다는, 캠퍼스 특유의 젊음과 자유, 무한한 가능성이 숨 쉬는 세계에 머무르고 싶었던 것 같습니다. 요즘 캠퍼스가 낭만보다는 취업 준비의 장으로 변모한 모습이 안타깝기도 하지만, 그 시절의 대학은 청춘 그 자체였고, 생명력이 넘치는 공간이었습니다. 다시 돌아올 수 없는 청춘의 짧음이 오히려 그 시간을 더욱 찬란하게 빛나게 했는지도 모릅니다.

 사계절 중에서도 봄을 가장 좋아하고, 춘삼월에 태어난 저는 아마도 태생적으로 젊음을 그리워하는 존재인가 봅니다. 이런 마음이 자연스럽게 이어져 매년 봄이 오면 새롭게 시작하는 일이 있습니다. 바로 대학생을 위한 멘토링입니다. 제 경험을 나누는 재능 기부로, 청춘들에게 봄처럼 새로운 시작을 선물하는 이 작은 사회 공헌은 어느덧 제 삶의 소중한 여정이 되었습니다.

정부 기관 중 학생들의 학업 능력 향상을 위해 장학금과 학자금 대출을 지원하는 '한국장학재단'이 있습니다. 이 재단은 대학생뿐 아니라 고등학생, 초등학생을 위한 다양한 장학 프로그램을 운영하고 있습니다. 그중에서도 '사회리더 대학생 멘토링 프로그램'은 대학생이나 청년층에게 다양한 분야의 경험과 지식을 가진 멘토(사회리더)와 연결하여 값진 배움의 기회를 제공합니다.

저는 2019년부터 사회리더로 참여하며 대학생들의 멘토로 활동하고 있습니다. 한국장학재단 홈페이지에서 확인할 수 있듯이, 각계각층의 사회리더 풀(pool)은 놀라울 정도로 방대하며, 일부 멘토들은 10년 이상 꾸준히 활동하고 계십니다. 이분들을 이끄는 원동력은 아마도 사회에 조금이라도 기여하고자 하는 마음일 것입니다.

저 역시 사회와 선배들로부터 알게 모르게 받았던 고마움을 후배들에게 환원하고 싶은 마음이 커서, 바쁜 일정 속에서도 이 활동을 제 삶의 빼놓을 수 없는 전통으로 이어오고 있습니다.

사회리더 멘토링은 1년 동안 진행되는 장기 프로젝트입니다. 매년 연말에 다음 해의 멘토를 모집하고, 2월에는 멘티 모집이 이루어집니다. 한 멘토에게 약 열 명 정도의 멘티가 매칭되며, 사전 면접을 통해 최종 멘티가 결정됩니다. 저는 보통 일곱 명 정도의 멘티들과 4월부터 11월까지 8개월간 멘토링을 진행합니다. 코로나 기간에 잠시 활동을 중단했다가 작년부터 다시 시작했는데, 벌써 지금까지 총 28명 정도의 멘티들과 소중한 여정을 이어오고 있습니다.

　　멘토링은 생각보다 훨씬 많은 것을 제게 주었습니다. 겉으로는 멘티들에게 진로와 삶에 관한 조언을 건네는 것처럼 보이지만, 오히려 그들의 솔직한 질문과 진지한 고민을 통해 제 자신을 되돌아보고 새로운 통찰을 얻게 됩니다. 서로 다른 환경과 배경에서 성장한 멘티들이 각자의 꿈을 향해 두려움 속에서도 한 걸음씩 나가는 용기 있는 모습은 제게 큰 감동을 줍니다. 저를 통한 배움도 있겠지만, 멘토링의 진정한 가치는 대화 속에서 함께 성장하는 순간에 있습니다.

　　같은 또래 멘티끼리 고민을 나누며 서로 위로받고, 각자의 방식으로 삶의 문을 열어가는 모습에서 저 역시 자극과 영감을 얻습니다. 이런 순간은 상호 성장의 힘을 온전히 느끼게 합니다. 멘토링은 결코 일방적인 지식과 경험의 전달이 아닙니다. 서로 다른 시간대를 살아가는 이들이 만나 각자의 세계를 넓히고 새로운 가능성을 여는 과정입니다. 제게 멘토링은 또 하나의 '언락(Unlock)'의 순간을 선물했습니다. 닫혀 있던 제 경험과 지식을 열어 세상과 나누고, 동시에 멘티들의 잠재된 가능성을 여는 열쇠가 되기도 하고요. 이 소중한 만남과 나눔을 통해 서로의 길이 조금 더 환해지고, 조금 더 따뜻해지길 진심으로 바랍니다.

내 안의 이야기

당신은 함께 성장하기 위해 어떤 시도를 하고 있나요?
타인과 함께 성장하기 위해 내가 할 수 있는 일은 무엇인가요?

끝나지 않는 삶,
Becoming의 미학

코치로서 자주 받게 되는, 그리고 저 역시 가끔 스스로 던지는 질문은 '나는 왜 코치가 되었는가?'입니다. 슈퍼바이저 코치로서 코치 양성 교육을 진행하거나, 기업에서 만나는 고객 중 코칭이나 코치라는 직업에 관심을 가진 분들은 늘 코치가 되는 과정과 그 이유를 궁금해합니다.

"제 직업은 전문 코치입니다."

이렇게 소개하면 아직도 많은 분이 '코치라는 직업이 정확히 무슨 일을 하는 건가요?', '스포츠 코치를 말씀하시는 건가요?' 하는 반응을 보입니다. 한국코치협회에서 자격 인증을 받은 코치가 4,700여 명에 이름에도 불구하고, 네이버 인물정보에서조차 '전문 코치'는 독립된 직업군으로 분류되지 않아 단지 전문 직업인으로만 등재되는 현실입니다.

전문 코치인 저는 이 직업의 가치와 의미를 세상에 널리 알려야 하는 소명이 있습니다. 코칭을 경험하는 분들이 늘어나고 코치로 활동하는 전문가들이 증가함에 따라, 저 역시 코치라는 직업과 코칭이 하나의 산업으로 확장되는 데 기여하고 싶습니다.

때로는 사람들의 낯선 시선을 마주하며 스스로 묻습니다. 아직 많은 이들에게 생소한 이 직업을, 왜 나는 이토록 진심으로 사랑하며 내 삶의 중심에 두게 되었을까? 그 답은 아마도 코치로서 체험한 변화의 순간들에 있을 것입니다. 코칭의 과정에서 제 내면에 퍼져나간 긍정의 파동, 그 미묘하고도 강렬한 변화를 직접 경험했기 때문입니다. 내면에서 일어난 이 놀라운 경험을 다른 이들도 함께 하길 바라는 마음이 자연스레 자라났습니다. 물론 인간의 변화와 성장을 이끄는 길은 다양합니다. 코칭만이 유일한 방법도, 모든 상황에 가장 효과적인 접근법도 아닙니다. 각자가 변화하려는 원인과 동기, 그것을 추진하는 힘은 제각기 다를 수밖에 없으니까요.

그럼에도 '나'라는 존재를 주체적으로 인정하고 깊이 존중하며, 변화와 성장을 바라보는 코칭의 시선은 저와 잘 맞았습니다. 코칭의 철학은 한 사람을 '창의적이고(Creative), 풍부한 자원을 가지며(Resourceful), 온전한(Whole)' 존재로 바라봅니다. 코치는 고객과 진정한 파트너십을 이루어 그 사람의 신념, 가치, 정체성, 환경적 요소들을 섬세하게 고려하며 개인에게 가장 적합한 방식으로 변화와 성장을 돕는 동반자입니다.

　심리학의 영역에서, 에드워드 데시와 리처드 라이언이 발전시킨 자기결정성이론(Self-Determination Theory, SDT)은 '자율성, 유능성, 관계성'이라는 세 가지 기본 심리적 욕구를 제시합니다. 이 근본적인 욕구들은 개인의 동기와 행동 양식에 깊은 영향을 미치며, 이들이 충분히 충족될 때 더 강력한 내적 동기가 피어납니다. 본래 자기 주도성이 강한 성향을 지닌 저에게, 이러한 코칭 철학과 접근 방식은 마치 오랜 친구를 만난 듯 자연스럽게 다가왔습니다. 마음을 사로잡는 맛있는 음식을 발견했을 때 주변 사람들에게 알리고 싶은 충동이 일어나듯, 이 의미 있는 경험은 저도 모르게 주변에 열정적으로 나누게 되는 소중한 선물이 되었습니다.

　코칭은 단지 기술이나 방법론이 아닌, 인간의 가능성을 바라보는 특별한 렌즈였고, 그 렌즈를 통해 바라본 세상은 더욱 풍요롭고 가능성으로 가득 찬 곳이었습니다.
　"내가 대나무밭이 되어 줄게."
　생각해 보면, 코칭이라는 단어를 알기 전부터 저는 후배들이나 친구들의 고민에 귀 기울이며 말동무가 되어 주는 역할을 자연스럽게 맡아왔습니다. 그리고 그 순간들은 항상 특별한 보람으로 제 마음을 채웠습니다.
　코칭 세션 초기에 저는 종종 라포 형성을 위해 '동물이나 자연물을 통해 과거와 현재의 삶을 표현해 보기'를 제안합니다. 비록 10여 분의 짧은 시간이지만, 이 과정에서 일어나는 울림과 성찰의 깊이는 놀랍도록 깊습니다. 저는 과거의 제 삶을 연꽃에 비유합니다. 그 이미지를 떠올릴 때마다 왜 제가 코칭에 이토록 이끌렸는지 이해하게 됩니다. 연꽃은 단지 아름다운 외형과 향기만 지닌 것이 아닙니다. 그 뿌리인 연근은 식용으로, 연잎은 밥을 찌거나 차로 우려내는 데 쓰이고, 씨앗은 전통적으로 약용 가치를 지닙니다. 뿌리부터 꽃잎까지 하나도 버릴 것 없이 모두가 의미를 지닌 존재, 그것이 바로 연꽃입니다.

무의식적으로 연꽃을 선택했다는 것은, 아마도 제가 언제 어디서나 필요한 존재가 되고 싶었던 열망이 반영된 건지도 모릅니다. 기여하는 삶을 살고 싶었던 바람은 조직 생활에서는 책임감 있게 업무를 완수하는 모습으로, 인간관계에서는 늘 타인을 돕고자 하는 마음으로 표현되었습니다. 이것이 제가 코칭에 깊이 빠져들 수밖에 없는 이유입니다. 코칭은 제가 오랫동안 품어왔던 타인을 위한 '대나무밭'이 되고자 하는 소망, 그 자연스러운 연장선이었던 것입니다.

코칭의 큰 매력 중 하나는 다양한 고객들과의 만남입니다. 코칭 고객들은 대부분 변화와 성장에 대한 갈망을 품고 있습니다. 물론 기업 코칭에서는 가끔 자발적 선택보다는 리더십 교육 과정의 하나로 의무적으로 참여하는 때도 있지만, 그런 분들조차도 마음

한편에는 발전하고 성장하고자 하는 열망이 자리하고 있습니다. 인간의 본성은 결국 앞으로 나아가고자 하는 것이니까요.

다양한 산업군에서 활동하는 분들을 만나는 일은 마치 색다른 세계로의 여행과도 같습니다. 각자의 일하는 분야와 직무가 다르고, 살아온 삶의 궤적도 제각각이기에 만남은 새로운 발견으로 가득합니다.

코칭 세계에는 '동반 성장'이라는 아름다운 개념이 있습니다. 코치가 일방적으로 이끌어가는 것이 아니라, 수평적 관계 속에서 고객과 진정한 파트너십을 형성할 때 비로소 피어나는 마법 같은 현상입니다. 코칭을 받는 고객의 성장은 물론, 저 역시 그분들을 통해 새로운 관점과 지혜를 배우며 함께 성장합니다. 이것이 제가 다음 만남을 늘 기대하게 되는 이유이며, 코치로서의 삶에 감사함을 느끼는 원천입니다. 저는 매일 아침, 오늘은 또 어떤 세계를 만나게 될지, 어떤 배움을 선물 받게 될지 설레는 마음으로 하루를 시작합니다.

코치로 살아가면서 종종 '코치에게 적합한 자질은 무엇이냐'는 질문을 마주합니다. 한국코치협회의 역량 체계에는 '코치다움'과 '코칭다움'이라는 표현이 있습니다. 특히 '코치다움'은 '윤리 실천, 자기 인식, 자기 관리, 전문 계발'이라는 네 가지 하위 역량으로 구체화됩니다. 이 역량이 드러내는 핵심 요소와 행동 지표들이 바로 코치의 진정한 자질을 보여준다고 생각합니다.

그러나 중요한 것은 이러한 자질이 완성되는 상태가 아니라, 그 지향점을 향해 끊임없이 나아가는 'Becoming'의 여정입니다. 마치 흐르는 강물처럼, 코치는 항상 배우고, 성찰하고, 성장하는 존재이기를 선택합니다. 누군가의 성장을 돕고 싶은 마음, 한 사람과 조직의 지속가능한 발전에 기여하고 싶은 열망이 코칭을 제 전문 직업으로 삼고 꾸준히 이어가는 원동력입니다. 그런 의미에서 인생 3막을 '코치'로 살아가는 이 여정은 깊은 행복감을 선사합니다. 매일 아침 눈을 뜨고 오늘은 또 어떤 성장의 순간을 목격하게 될지, 어떤 변화의 씨앗을 함께 심게 될지 기대하는 마음으로 하루를 시작합니다. 이것이 바로 코치의 삶이며, 끝나지 않는 'Becoming'의 아름다운 여정이 아닐까요.

내 안의 이야기

당신은 지금 Becoming의 여정에 있습니까?
최근에 스스로 가장 크게 성장했다고 느낀 순간은 언제입니까?

긍정심리자산
채우기

 소규모 독서 모임을 이끌고 있습니다. 국제코칭연맹(ICF) 코리아챕터의 SIG(Special Interest Group) 활동으로 시작된 이 모임은 '넥스트 커리어'라는 주제 아래 매달 토요일 저녁을 함께합니다. 모임 중 읽은 책 중 진로 심리학자이며 긍정심리학자인 이항심 작가의 『시그니처』가 기억에 남습니다. '새로운 시대를 대비하는 나만의 경쟁력'이라는 부제처럼, 이 책은 단순한 실용서가 아닌 긍정심리학의 깊은 통찰을 담고 있습니다. 페이지를 한 장 한 장 넘기며 내 안에 숨겨진 소중한 자산을 돌아보게 됩니다. 이 책은 제목으로만 보면, 나의 시그니처를 찾는 방법에 대한 실용서의 느낌을 주지만, 책 전체의 흐름은 긍정심리학 기반의 심리 자산과 그것을 키우는 방법 등을 소개하고 있습니다. 새로운 시대, 일의 관점이 바뀌며 여기에서 어떻게 나의 시그니처를 만들어서 행복하게 살 것인지에 대해 다양한 이론을 기반으로 소개합니다.

　코칭은 단순한 커뮤니케이션 기술이나 동기부여 기법을 넘어선 깊은 철학입니다. 개인과 조직의 성장과 변화를 지원하기 위해 여러 학문적 기반 위에 구축된 이 방법론 중에서도, 제 마음을 사로잡은 것은 긍정심리학이었습니다.

　국민대학교 경영대학원의 리더십과 코칭 MBA 과정에서 이동우 교수의 긍정심리학 강의를 접했을 때, 그 철학과 관점에 깊이 공감했습니다. 인간의 결핍보다 강점에 초점을 맞추고, 문제 해결보다 가능성 확장에 주목하는 긍정심리학의 접근은 제 코칭 철학의 중심축이 되었습니다. 이 열정은 자연스럽게 블루밍경영연구소의 시그니처 프로그램인 'ESGC 프로그램(국제코칭연맹 Level 2 인증)'에서 긍정심리학, 긍정심리자본, 다양한 동기부여 이론을 강의하는 기회로 이어졌습니다.

　전통 심리학이 오랫동안 정신 질환과 인간의 부정적 문제 행동에 초점을 맞춰왔던 것과 달리, 1996년 마틴 셀리그만(Martin Seligman)은 미국 심리학회 차기 회장으로 선출되면서 새로운 시각을 제시했습니다. 그는 치료뿐만 아니라 예방의 중요성, 문제 해결을 넘어 인간의 번영에 주목해야 한다고 주장했습니다. 흥미로운 것은 이 패러다임의 전환이 일상의 소소한 순간에서 시작되었다는 점입니다. 셀리그만이 다섯 살 딸과 함께 잔디를 깎던 어느 날, 딸

아이가 자신의 행동을 스스로 긍정적으로 변화시키려 노력하는 모습을 목격했습니다. 이 작은 발견이 그에게 충격을 주었고, 심리학이 인간의 결핍보다 강점에, 치유보다 성장에 초점을 맞추어야 한다는 확신으로 이어졌습니다.

가장 깊은 통찰은 때로 가장 예상치 못한 순간에 찾아옵니다. 복잡한 문제에 몰입하다 보면 의외의 곳에서 '아하 포인트'가 떠오르는 것처럼, 긍정심리학도 수많은 연구와 경험의 축적 끝에 한 아버지의 일상적 순간에서 새로운 관점으로 탄생했다는 사실이 경이롭게 느껴집니다.

어린 시절, 우리 집은 엄한 편이었습니다. 특히 아버지는 엄격했고, 혼을 낼 때 그 목소리는 때로 무거운 먹구름처럼 집안을 채웠습니다. 대부분 제가 실수하거나 잘못한 일들로 인한 것이었지만, 혼나는 순간에도 저는 반성보다는 슬픔과 괴로움을 더 크게 느꼈습니다.

그런데 이상하게도, 저를 돌아보면 '오뚝이'가 떠오릅니다. 분명 금방 전까지 혼나서 슬펐던 감정이 이상할 정도로 오래가지 않았기 때문입니다. 때로는 한참 꾸중을 듣는 와중에도 문득 그 상황이 우스워져서 웃음이 터져 나왔고, "이런 상황에서도 웃음이 나냐"며 혼내시던 아버지도 결국 어이없어 함께 웃었던 기억이 납니다.

심리학자라면 이것을 회복 탄력성(Resilience)이라고 부를 테지만, 당시의 저는 그저 금방 털고 일어나는 아이였을 뿐입니다. 실수나 실패에도 그 결과에 대한 두려움보다는 '다음에는 어떻게 해볼까?'라는 도전 의식이 더 컸습니다.

어린 제 안에는 이유 모를 자신감이 살고 있었습니다. 뚜렷한 근거도 없고, 어린 나이에 큰 성공 경험이 있었던 것도 아니었는데 말입니다. 그저 목표한 일에 대한 희망, 그것을 해내고 싶다는 열정, 막연하지만 해낼 수 있다는 믿음, 잘될 거라는 확신이 자연스럽게 있었습니다.

이제 돌아보니, 그 자신감의 씨앗은 어쩌면 아버지의 말씀에서 왔는지도 모르겠습니다.

"세상에 안 되는 게 있니? 해봐야 알지. 실패해도 괜찮아." 꾸중 속에서도 이런 말씀들이 제 안에 자라나고 있었습니다. 그리고 그 옆에는 언제나 묵묵하고 따뜻하게 저와 동생을 믿어주었던 어머니가 있었습니다. 엄했던 가정환경이 역설적으로 제 안에 긍정의 자산을 쌓아가는 비옥한 토양이 되었던 것 같습니다. 오뚝이처럼 넘어져도 다시 일어나는 힘, 그것이 제 안에 심어진 가장 소중한 선물이었는지도 모릅니다.

긍정심리학의 영향을 받은 조직행동학자였던 프레드 루산스(Fred Luthans) 미(美) 네브래스카 링컨대 교수는 '긍정심리자본(Positive Psychological Capital)'이라는 개념을 만들었습니다. 이 심리자본은 네 개의 요소로 구성됩니다. 역경에서 다시 일어나는 '회복탄력성', 목표를 향한 지속적인 에너지인 '희망', 특정 과제를 수행할 수 있다는 '자기 효능감', 그리고 미래에 대한 긍정적 기대인 '낙관주의'가 그것입니다. 루산스 교수의 연구는 이러한 심리자본이 직장에서의 성과와 웰빙에 놀라운 영향을 미친다는 사실을 밝혀냈습니다.

제 어린 시절과 성격을 이 네 가지 렌즈로 들여다보니, 새로운 발견이 있었습니다. 오뚝이 같았던 회복탄력성, 실패 속에서도 피어나던 희망, 근거 없이 단단했던 자기 효능감, 그리고 '잘될 거야'라는 낙관주의까지. 깨닫지 못했을 뿐 제 안에는 이미 풍부한 긍정 심리자본이 흐르고 있었던 것입니다.

삶을 살아가다 보면 우리의 에너지는 항상 일정할 수는 없습니다. 때로는 내리막길을 만나고, 깊은 골짜기를 지나야 할 때도 있습니다. 그런 순간에 우리를 지탱해 주는 힘이 바로, 눈에 보이지 않는 심리자본입니다. 긍정심리자본 진단 도구(PCQ)로 측정할 수 있는 이 자원은 삶의 웰빙을 증진시키고, 더 풍요롭고 의미 있는 경험으로 안내하는 내면의 나침반과도 같습니다. 어쩌면 우리는 모두, 알게 모르게 각자의 심리자본을 쌓아가고 있는지도 모릅니다. 그리고 코칭이란, 이 보물창고의 문을 열어 그 안의 가치를 발견하도록 돕는 여정입니다. 제 경험에서 비롯된 이 깨달음이 이제는 타인의 긍정심리자본을 일깨우는 열쇠가 되어, 더 많은 이가 자신 안의 보물을 발견하게 되기를 소망합니다.

 내 안의 이야기

나에게는 어떤 심리자본이 있나요?

VIA*강점이
알려준
나의 정체성

저는 갤럽에서 공식 인증한 강점 코치입니다. 하지만 강점에 관한 진지한 탐색을 시작하기 전, '나도 잘하는 것이 있겠지'라는 막연한 생각만 갖고 있었습니다. '책임감 강하고 상대를 배려하는 것도 잘하니까'하며 자신의 강점을 두루뭉술하게 정의하곤 했어요.

수십 년간의 연구와 전 세계 3,400만 명 이상의 데이터를 바탕으로 한 갤럽 강점 진단은 제게 모호했던 자기 이해를 선명하게 그려주는 거울이 되었습니다. 특히 동작구어르신행복주식회사의 대표로 7년간 공공성이 있는 주식회사를 경영할 때, 제 안의 강점이 어떻게 성과로 이어지는지 생생하게 경험했죠.

제 갤럽 강점 Top 5인 '전략, 최상화, 절친, 발상, 개별화'와 그 뒤를 이은 '미래지향, 자기 확신, 포용, 행동, 책임' 덕분에 탁월한 성과를 지속해서, 그리고 어렵지 않게 이루어낼 수 있었습니다. 흥미로운 것은 '최상화' 테마로 인해 제가 본능적으로 '약점'보다 '강점과 탁월함'에 더 관심을 두는 사람이라는 점입니다. 긍정심리학과 강점 기반 접근에 자연스럽게 이끌린 것도 아마 이런 내면의 특성 때문이었을 것입니다.

코칭의 철학적 뿌리를 더 깊이 탐색하며, 저는 1998년 마틴 셀리그만에 의해 창시된 긍정심리학의 세계로 빠져들었습니다. 셀리그만은 심리학이 오랫동안 병리학적 관점에 치중해 왔음을 지적하며, '손쓸 도리 없이 망가진 삶은 이제 그만 연구하고 모든 일이 잘 될 것 같은 사람에게 초점을 맞추어야 한다'고 선언했습니다. 그 후 멕시코 아쿠말에서 우리가 너무 잘 아는 미하이 칙센트미하이, 레이 파울러 등의 심리학자들과 긍정심리학의 기초적인 이론을 만들고 그 이론을 2000년 『미국심리학회지』와 2002년 『긍정심리학』을 출간하며 긍정심리학의 서막을 알리게 되었습니다.

긍정심리학은 세 가지 핵심축으로 구성됩니다. 기쁨, 감사, 희망과 같은 '긍정 정서', 강점과 미덕을 포함하는 '긍정 특성', 그리고 이들이 번창할 수 있는 환경인 '긍정 제도'입니다. 이 중에서도 제

---

* VIA 성격 강점은 VIA 사이트(https://www.viacharacter.org/)에서 무료로 진단할 수 있습니다. 한국어 서비스도 있으며, 진단 후 24개의 순서대로 나온 진단지는 무료로 열람할 수 있습니다. 좀 더 자세하게 살펴보고 싶다면, Top5 보고서와 24개 전체 보고서에 대한 비용을 지불하고 열람할 수 있습니다. 24개 보고서는 액션 플랜도 나와 있지만 아직 여기까지는 한국어 번역본이 제공되지는 않는 영어 보고서입니다.

마음을 특별히 사로잡은 것은 VIA 캐릭터 강점이었습니다.

셀리그만의 이론은 초기 '진정한 행복 이론'에서 '웰빙 이론'으로 발전했습니다. 이 웰빙 이론은 '긍정 정서(positive emotion), 몰입(engagement), 관계(relationship), 의미(meaning), 성취(accomplishment)'의 다섯 가지 핵심 요소로 구성되어 있습니다. 이 앞 글자를 따 PERMA라고 부르기도 합니다. 그의 PERMA 모델은 단순한 행복을 넘어 번영(Flourish)이라는 더 풍요로운 목표를 제시합니다. 이러한 번영의 기반이 되는 것이 바로 VIA Character Strengths 입니다.

블루밍경영연구소의 ICF Level 2 과정에서 코칭핵심역량 모델과 긍정심리학 강의를 준비하면서, 저는 VIA 캐릭터 강점에 더 깊이 빠져들었습니다. 갤럽 강점과 VIA 강점을 함께 활용한다면, 고객을 더 통합적으로 이해하는 데 큰 도움이 될 것이라는 확신이 들었습니다.

결국 강점에 관한 탐구는 타인을 위한 여정이면서도, 자기 자신에 대한 더 깊은 이해로 이어지는 과정입니다. 우리 안에 이미 있는 빛의 언어를 발견하고, 그 빛으로 세상을 비추는 일. 그것이 제가 강점 코치로서 걸어가는 길의 본질이 아닐까 합니다.

행복으로
가는
열쇠

행복은 삶의 의미이며 목적이고 인간 존재의 목표이며 이유이다.

– 아리스토텔레스

행복한 삶을 살고 싶은 열망은 인간의 본성이자 삶의 궁극적 목표일 것입니다. 고대 그리스의 철학자 아리스토텔레스가 '에우다이모니아(Eudaimonia)'라는 개념으로 탐구했던 이 행복한 삶에 관한 질문은, 수천 년이 지난 지금도 여전히 우리의 마음을 사로잡습니다.

최근 긍정심리학 이론을 공부하며, 저는 이 오래된 철학적 명제를 현대 과학의 렌즈로 바라볼 기회를 얻었습니다. 마틴 셀리그만의 『긍정심리학』을 비롯한 관련 서적들과 연구 자료들 속에서 발견한 '행복에 이르는 길'에 대한 저의 성찰을 나누려고 합니다.

셀리그만의 다섯 가지 핵심 요소(PERMA)의 기반이 되는 것은 6개의 미덕과 24개의 성격 강점(VIA Character Strengths)입니다. 흥미로운 사실은 이 분류체계가 탄생한 배경입니다.

긍정심리학자들은 긍정심리학을 창시하고 연구하면서 행복을 측정하는 방법들을 개발합니다. 마틴 셀리그만에 따르면 정신 질환을 연구하는 미국과 영국 연구원들 사이에 정신 질환에 대한 견해 차이가 커서 연구비를 지원하던 미국의 정신건강 국립연구원에서 고심했던 적이 있었다고 합니다.

예를 들어 영국에서는 각각 조현병과 강박 장애로 진단한 환자들을 미국에서는 반대로 진단을 했기 때문입니다. 이를 계기로 미국 정신건강 국립연구원에서 '심리 장애의 진단 및 통계 편람 제3판(DSM-III)'을 마련해서 진단의 신뢰도를 높이고 앞으로 개입 연구의 토대로 삼았습니다. 이 작업이 성공한 덕분에 현대에는 정신 질환에 대한 진단이 꽤 정확하며 신뢰도가 높아졌습니다. 요즘 시대의 치료나 예방 교육을 할 때 모든 과정을 아주 정확하게 평가할 수 있게 된 것입니다.

이런 측면에서 긍정심리학자들도 그들이 주장하는 행복 연구, 웰빙 이론을 위해서는 '품성 분류체계와 측정 방법'을 마련하는 것이 중요하다고 판단하게 되었습니다. 합의된 분류체계가 없다면, 긍정심리학도 정신 질환 진단에서 발생했던 것과 비슷한 문제에 직면할 수 있으니까요. 마틴 셀리그만과 함께 긍정심리학 연구를 시작한 크리스토퍼 피터슨이 가장 먼저 시작한 일은 품성 분류 연구였습니다.

크리스토퍼 피터슨과 마틴 셀리그만은 세계 주요 종교와 철학에 관한 기본적인 저술을 검토하여 공통된 미덕을 정리하고, 이러한 미덕이 모든 문화권에서 보편적으로 인정받는지 살펴보았습니다. 그렇게 탄생한 여섯 가지 미덕은 '지혜, 용기, 인간애, 정의, 절제, 초월'입니다. 아리스토텔레스, 플라톤, 아퀴나스, 아우구스티누스와 같은 철학자들의 저술과 구약성서, 탈무드, 불경, 코란과 같은 경전, 공자, 노자, 벤저민 프랭클린의 저술, 일본의 사무라이 무사도, 고대 인도의 철학서인 우파니샤드 등을 두루 검토한 후 총 200여 가지의 미덕 목록을 작성했습니다. 그런 과정을 거쳐서 뽑힌 여섯 가지 미덕이니 그 노고가 얼마나 집요하고 컸는지 저는 이 포인트에서 무척 감동을 받았고 푹 빠져들게 되었습니다.

이렇게 여섯 개의 미덕을 찾았음에도 개인의 미덕을 계발하고 측정하기를 원했던 심리학자들에게 여섯 가지 덕목은 뭔가 실현하기 힘든 추상적인 개념이었습니다. 그래서 각 미덕을 함양할 수 있는 확실한 방법을 찾게 되었습니다. 예를 들어, '지혜'라는 미덕은 '창의성, 호기심, 판단력, 학구열, 통찰'을 실천함으로써 가치들을 함양할 수 있게 됩니다. 마틴 셀리그만은 이런 실천을 '강점'이라고 불렀습니다. 추상적인 미덕과 달리 강점은 측정하고 평가할 수 있죠. VIA(Values in Action Inventory)의 이름에서도 볼 수 있듯이 미덕 가치에서 출발하였지만, 성격 강점의 행동적인 측면도 강조하고 있어 우리가 연습하면 충분히 행복을 각자의 강점에 맞춰서 만들어 갈 수 있다고 생각합니다.

저는 갤럽 인증 강점 코치이기도 하기에 계속 갤럽 강점과 비교하며 바라보게 되었습니다. 미 갤럽의 강점 Top 5처럼, VIA 성격 강점에서도 '대표 강점(signature Strengths) 다섯 개'를 눈여겨보라고 합니다. 저의 강점은 '학구열, 통찰(지혜), 심미안(아름다움과 탁월성에 가치를 둠), 희망(낙관성, 미래지향주의), 호기심(흥미, 모험)'입니다. 2016년 12월에 첫 진단을 시작으로 총 다섯 번의 진단을 했습니다. 갤럽 강점에서 주장하는 것과 동일하게 신기하게도 크게 변동은 없었습니다. 사실 그동안 다섯 번의 진단을 했지만, '아 이런 강점이 있었네' 하며 대수롭지 않게 넘겼던 것 같아요. 그런데, 이번에 〈긍정심리학〉 공부를 집중적으로 하면서 진단하고 제대로 보고서를 보니, 아는 만큼 보인다고 저를 정말 잘 표현하고 있구나 싶었습니다.

저는 갤럽 강점 테스트에서 '배움' 테마가 중간 정도(12~15위)에 자리 잡고 있습니다. 하지만 주변 사람들은 종종 제가 배움을 좋아하는 것 같다며 이 테마가 상위권에 있지 않냐고 물어봅니다. 그럴 때마다 저는 '전략' 테마를 통해 그때그때 필요한 것을 배우고 있다고 스스로 설명했습니다. 그런데 흥미롭게도 VIA 강점 테스트에서는 '학구열'이 항상 5위 안에 들었습니다. 이를 통해 제가 왜 배움에 그토록 열정을 느꼈는지 비로소 이해하게 되었습니다. 이처럼 다양한 강점 테스트들이 제 성향을 정확히 보여주고 있습니다.

갤럽 강점이 직업 환경에서의 행동적 특성을 잘 보여준다면, VIA 강점은 개인의 본질적 특성과 정체성을 더 깊이 반영합니다. 이 두 가지 도구는 우리의 존재(Being)와 행동(Doing)을 통합적으로 이해할 수 있게 해줍니다.

그렇다면 우리가 찾은 이 강점들을 어떻게 연마할 수 있을까요? 일과 삶에서 시간과 노력을 투자하여 연습하는 것이 필요합니다. 가장 쉽게 할 수 있고, 가능한 새로운 방법으로 연습해 보는 것이 좋습니다. 학교에서부터 이런 가치와 성격 강점을 찾아준다면 각자가 자기만의 방식으로 행복한 삶을 살 수 있는 기초체력이 길러질 거라는 확신이 들었습니다. 게다가 무료로 진단할 수 있는 것도 큰 장점입니다. 강점에 집중하며 살아야 하는 이유는 말이 필요 없습니다. 앞으로 코치로서도 두 가지 강점 도구로 코칭에 접목할 계획입니다. 이번에 VIA 강점을 제대로 볼 수 있는 지혜가 생겨서 감사하고 행복합니다.

행복으로 가는 길은 미리 그려진 지도 위에 있지 않습니다. 우리 각자가 자신의 강점을 나침반 삼아 자신만의 지도를 그려나가는 여정, 그것이 바로 긍정심리학이 우리에게 알려주는 행복의 본질이 아닐까 합니다.

완벽을 기다리지 마세요
나답게
시작하세요

'이번에는 제대로 준비해서 시작해야지'라고 다짐한 지 벌써 3개월째. 노트북 속 계획서만 늘어갑니다. 왜 우리는 시작이 이토록 어려울까요? 특히 뭔가를 완벽하게 해내고 싶은 사람일수록 더 그렇습니다. 저 역시 그랬습니다. 하지만 어느 순간 깨달았습니다. 시작하지 않은 완벽한 계획보다, 불완전하게라도 시작한 행동이 더 큰 가치를 만든다는 것을요.

항상 그렇듯이, 새로운 일을 시작하기 전에는 앞으로 가야 할 길이 멀고 험난해 보여 쉽게 첫발을 내딛기 어렵습니다. 그러나 막상 시작하고 꾸준히 나아가다 보면 "와, 여기까지 왔구나!"라며 자신의 진전에 놀라게 됩니다. 이런 경험이 있기에 시작을 망설이는 분들에게 저는 항상 조언합니다.

"일단 한번 해봐. Just do it!" 이것은 단순한 구호가 아니라 실제로 효과가 있는 전략임을 저는 계속해서 깨닫습니다.

시작한 후에는 일정 동안 '내가 잘하고 있는지'를 평가하지 않는 것이 중요합니다. 자신에게 평가의 잣대를 들이대는 순간, 불필요한 생각들이 마음을 가득 채우기 때문입니다. 모든 일에는 충분한 시간이 필요합니다. 마치 나와의 허니문 기간처럼요. 이 과정에 들어가는 노력, 시간, 비용은 단순한 소모가 아니라 투자라고 생각하는 것이 좋습니다. 이제 저는 확실히 알게 되었습니다. 충분한 경험과 데이터가 쌓여 안정적인 궤도에 오르기 전까지는 일단 양적인 노력을 꾸준히 쏟아붓는 전략이 효과적이라는 사실입니다.

갤럽 강점의 관점에서 볼 때, 저는 '최상화 테마'를 가지고 있습니다. 이 테마는 때로는 빛이 되지만, 때로는 그림자로 작용하기도 합니다. 최상화(Maximizer) 테마가 강한 사람들은 개인이나 단체의 탁월함을 끌어내기 위해 강점에 초점을 맞추는 경향이 있습니다. 이들은 단순히 좋은 수준을 넘어 최상의 수준으로 끌어올리는 것을 추구합니다.

그러나 이런 강점을 가진 사람들은 높은 기준과 완벽 추구 성향 때문에 오히려 시작 자체가 어려울 수 있습니다. '완벽해야 시작할 수 있다'는 생각은 '아직 준비가 덜 됐다'는 핑계를 만들어 내기 쉽고, 이것이 시작을 가로막는 큰 걸림돌이 됩니다.

이제는 최상화 테마의 그림자를 알기에 "세상에 완벽이란 어디 있어? 완벽하다고 생각해도 또 다른 완벽의 기준이 생기기 마련이지"라고 자문하며 끝없는(Endless) 완벽주의의 덫에서 벗어나려 노력합니다. 비록 준비가 완벽하지 않더라도 일단 시작하고, 실제 경험을 통해 부족한 부분을 채워나가는 것이 중요하다는 사실을 깨달았습니다.

갤럽 강점에서는 단 하나의 테마만 발현되는 경우가 드뭅니다. 저는 '최상화' 외에도 '행동(Activator)' 테마가 상위권에 자리하고 있습니다. 이 테마가 강한 사람들은 머릿속 생각을 실제 행동으로 옮겨 실현하는 탁월한 능력을 갖추고 있죠. 비록 최상화 테마가 높지만, 행동 테마도 함께 강하게 발현되기 때문에 저는 새로운 일을 시작할 때 비교적 수월하게 첫걸음을 내딛는 편입니다.

하지만 꼭 저처럼 행동 테마가 강한 사람만이 시작을 잘하는 것은 아닙니다. 각자가 가진 강점에 맞춰 시작하는 방법은 분명히 존재합니다. 예를 들어, 신중함으로 알려진 '심사숙고(Deliberative) 테마'가 강한 사람들은 의사결정이나 선택 과정에서 여러 요소를 꼼꼼히 고려하는 특성이 있습니다. 이들은 처음에는 신중하지만, 일단 충분한 고려와 탐색을 마치고 결정을 내리면 그 이후로는 망설임 없이 일사천리로 일을 추진해 나가는 힘을 갖고 있습니다. 결국 중요한 것은 어떤 방식이든 나에게 맞는 방식을 찾는 것입니다.

어차피 시간은 계속 흘러가므로, 무언가를 하고 싶거나 해야 할 일이 있다면 하루라도 빨리 시작하는 것이 최선이라고 생각합니다. 이 방식이 저에게는 실제로 잘 맞아요. 자신에게 적합한 방식을 찾는 방법은 여러 가지가 있겠지만, 저는 특히 각자가 가진 강점을 활용하는 접근법을 추천합니다. 우리가 자신의 고유한 강점을 바탕으로 일할 때, 과도한 노력 없이도 지속해서 뛰어난 성과를 낼 수 있기 때문입니다.

 내 안의 이야기

나는 일단 하고 보는 사람인가요? 준비되면 시작하는 사람인가요?

· 3 ·

코칭을 통해 발견한 삶의 지혜

타인의 성장을 돕는 과정에서 배운
소중한 교훈들

코칭은
성장입니다

"코칭을 뭐라고 생각하세요?"

멘토코칭 세션 끄트머리에 훅 들어온 이 질문은 마치 잔잔한 호수에 떨어진 돌처럼 내 안에 작은 파문을 일으켰습니다.

"저는 '수행'이라고 생각해요. 코치다움의 관점에서는 그렇게 표현하고 싶어요. 하지만 코칭다움의 관점에서 본다면 '성장'이라고 생각합니다. 물론 코칭이 모든 이들에게 동일하게 성장을 일으킨다는 것은 아닙니다."

최근 국제코칭연맹 한국지부의 한 프로그램에서 만난 2030 영 프로페셔널 코치와의 대화 속에서 찾아낸 이 답변은, 오랫동안 정의하고 싶었던 나만의 코칭 철학을 마침내 언어화하는 순간이었습니다. 질문에는 신비로운 힘이 있습니다. 질문을 받는 순간, 우리의 마음은 자연스럽게 그 방향으로 흘러갑니다. 생각을 정리하고,

답을 찾아가는 과정에서 우리는 자신을 더 깊이 이해하게 되니까요.

"제 직업은 코치입니다." 이렇게 말하면 종종 마주치는 반응은 고개를 갸우뚱하는 표정과 함께 "어떤 일을 하는 거죠? 스포츠 코치인가요?"라는 질문이 돌아옵니다. 변호사나 의사, 회계사처럼 머릿속에 바로 그려지는 직업이 아직 아니라는 뜻이겠지요. 전문 코치가 아직 정식 직업군에 포함되어 있지 않다는 사실을 생각하면 당연한 반응일 수도 있습니다. 그래서 코치로서 내 직업이 무엇인지 선명하게 알릴 수 있어야 한다는 사명감이 생깁니다.

2015년 코칭에 입문하고, 2020년 전문 코치가 된 지 어느새 5년 차에 접어들었습니다. 9년의 여정 속에서 코칭에 대한 나만의 정의를 찾고 싶었는데, 영 프로페셔널 코치의 질문 덕분에 깨달음의 순간을 맞이했습니다. 수많은 코칭 현장에서 쌓아온 경험치에서 나온 답이라 더욱 의미가 깊습니다.

코칭 후에 "코치님 덕분에 제가 이렇게 성장하고 있어요"라고 말하는 고객에게 저는 종종 이렇게 대답합니다. "고객님이 다 하셨어요." 코치가 코칭을 잘하기 위해 애쓰기보다, 모든 사람은 내면에 자원이 있고(Resourceful), 창의적이며(Creative), 온전한(Whole) 존재라는 코칭 철학을 믿고, 그저 고객과 함께 있어 주고(Being with), 함께 춤을 추는 것(Dancing with)이 중요하다고 믿기 때문입니다.

코칭은 모든 사람에게 도움이 될 수 있지만, 무엇보다 '스스로 변화하고 성장하고 싶어 하는 사람'에게 가장 큰 힘을 발휘합니다. 어떻게 시작해야 할지, 어떤 방법을 찾을 수 있을지, 진정으로 원하는 것이 무엇인지 길을 찾아갈 때, 혼자의 힘보다 코치가 파트너로 함께하며 잠재력(creative)을 실행(active)으로 옮기도록 돕는 과정에서 코칭의 진가가 드러납니다.

물론 때로는 '무동기' 상태에 있는 분들도 만납니다. 그런 분들에게는 외적 동기와 내적 동기를 찾아가며 '동기' 상태로 변화하도록 돕는 것도 코치의 역할일 수 있습니다. 결국 그 과정을 통해 스스로 성장하고 싶은 마음을 품게 될 테니까요. 제가 코칭을 고객으로서 처음 경험했을 때도, 삶의 변화 시점에 있었고 성장하고 싶은 열망이 있었던 때였습니다.

코칭핵심역량에는 '자기결정성이론(Self-Determination Theory, SDT)'이 깊이 스며들어 있습니다. 누군가 시켜서 하는 코칭과 스스로 원해서 하는 코칭은 효과성 면에서 천지 차이입니다. 고객이 성장하고 싶은 마음이 있다면, 궁극적으로 코칭이 지향하는 것은 고객의 변화와 성장입니다. 코칭 핵심역량 여덟 가지 중 마지막이 '고객 성장을 촉진한다(Facilitates Client Growth)'라고 명시된 것은 결코 우연이 아닙니다.

이제 저는 저 자신을 이렇게 소개합니다.
"저는 '리더십과 커뮤니케이션 코치'로서 고객 성장을 돕는 사람입니다." 각자의 창의성(잠재력)이 행동으로 연결되어 무한한 성장으로 이어지도록 돕는 일, 그것이 바로 제 '업'입니다.

코칭은 성장입니다. 아름다운 씨앗이 햇빛과 물을 만나 꽃을 피우듯, 우리 안 잠재력의 씨앗이 실천의 땅에 뿌려졌을 때 비로소 진정한 성장이 시작되니까요.

 내 안의 이야기

당신은 어떤 성장을 꿈꾸고 있나요?
그 씨앗에 어떤 햇빛과 물이 필요할까요?

수파리의
마음으로
수행 중

늦가을의 햇살이 강의실 책상에 조용히 내려앉던 날. 국민대학교 경영대학원 '리더십개발 방법론' 수업에서 김성준 교수는 세 개의 한자를 차분히 언급했습니다.

'수파리(守破離)'
"여러분, '수파리'에 대해 들어보셨나요? 불교에서 유래되었지만, 지금은 일본 검도에서 수련의 단계를 표현할 때 더 많이 사용하는 개념입니다."

그날 흘러들어온 이 세 글자는 이후 제 코칭의 나침반이 되었습니다. 교수의 설명은 시간이 흘러 희미해졌지만, 강의실의 풍경과 교수가 강조한 세 글자는 여전히 선명합니다.

'수(守)'는 '지킨다'는 의미로, 초심자가 스승의 가르침을 충실히 따르며 기본을 철저히 연마하는 단계입니다. 강의를 들으며 저는 소림사의 수련생들이 무술을 배우기 전에 바닥을 쓸고, 물을 긷는 기본적인 수행 장면을 떠올렸습니다. 지루할 정도로 반복되는 기본기 훈련의 시간 말이죠. '파(破)'는 '깨트린다'는 의미로, 탄탄한 기본기를 바탕으로 새로운 것을 시도하며 나만의 독창적인 기술을 개발하기 시작하는 단계입니다. 기존의 틀을 넘어 도전하는 시기라고 할 수 있습니다.

'리(離)'는 '떠난다'는 뜻으로, 기존의 틀에서 벗어나 자유롭게 기술을 구사할 수 있는 경지입니다. 특정 형식에 얽매이지 않고 자신만의 길을 창조하는 '고수'의 상태입니다.

강의가 끝나고 돌아오는 길, 제 머릿속은 온통 '수파리'로 가득 찼습니다. 그 뒤로는 종종 스스로 묻습니다. "나는 지금 어느 단계에 와 있는가?" 코칭 교육을 할 때마다 단골로 등장하는 수파리는 저에게 강력한 영향력을 가진 개념이 되었습니다.

"코칭을 뭐라고 생각하세요?"
"저는 '수행'이라고 생각합니다."

최근 멘토 코칭 세션에서 나눈 대화입니다. 코치의 길을 걸으며 저는 끊임없이 수파리의 여러 지점을 오갔습니다. 처음 코칭을 배울 때는 '수'의 단계였습니다. 구조화된 코칭 프로세스를 익히는 데 급급해 고객의 말보다 다음 질문에 집착하던 시기였죠. 완벽한 질문을 찾아내야 한다는 부담으로 가득 찬 채, 매뉴얼을 따라가기 바빴습니다. 그러다 점차 '파'의 단계로 나아갔습니다. 고객의 말에 진정으로 귀 기울이는 법을 배우고, 그 안에서 자연스럽게 질문이 떠오르는 경험을 하게 되었습니다. 코칭 모델에 집착하기보다 유연한 틀 속에서 나만의 스타일을 찾아가기 시작했습니다.

KAC(Korea Associate Coach), KPC(Korea Professional Coach), PCC(Professional Certified Coach), KSC(Korea Supervisor Coach) 자격을 차근차근 밟아오며 저의 코칭 역량도 함께 성장했습니다. 이제는 'Not knowing'의 상태를 즐기며, 애쓰지 않고 고객을 믿고 함께 춤을 추듯 코칭하는 순간들을 경험하고 있습니다. '리'의 단계로 한 발짝씩 나아가는 중일까요?

그러나 최근 저는 중요한 통찰을 얻었습니다. 오랫동안 '리'의 단계에 도달하는 것을 목표로 삼았지만, 진정으로 바라는 것은 어쩌면 그 너머에 있는지도 모른다는 것입니다.

무협 소설 속 재야의 고수를 떠올려보세요. 평범해 보이지만 깊은 내공을 간직한 존재들. 그들은 더 이상 기술을 의식하지 않습니다. 물 흐르듯 자연스러운 경지에 이른 것입니다.

어쩌면 제가 원하는 것은 '리'의 단계를 넘어 다시 '수'의 단계로 돌아오는 것인지도 모릅니다. 단계를 초월해 더 이상 그것을 의식하지 않고, 그저 완전한 코치로 존재하는 것. 모든 기교를 초월한 단순함의 경지, 그곳을 향해 나아가고 있는지도 모릅니다.

코칭을 배우기 시작하면 누구나 조급함을 느끼게 됩니다. 저 역시 그랬습니다. 잘하고 싶은 마음, 고객에게 도움이 되고 싶은 열망이 때로는 불안으로 다가오기도 했습니다.

하지만 이제는 알게 되었습니다. 이 여정에는 물리적인 시간과 과정이 필요하다는 것을 말입니다. 숙성의 힘은 단순히 기다리는 것이 아니라, 내면의 깊이를 키우는 시간입니다. 조급함과 불안이 밀려올 때마다, 또는 지루한 학습의 반복에 지칠 때마다, 그날 강의실에서 만난 '수파리'의 개념은 저에게 위안과 방향을 제시해주었습니다.

코칭은 사람의 성장을 돕는 강력한 도구입니다. '리더십과 커뮤니케이션 코치'로서 저는 매일 다양한 사람들의 잠재력이 꽃피는 순간을 목격하는 특권을 누립니다. 그래서 '코칭이 곧 성장'이라는 단순하지만, 깊은 진리를 가슴에 품고 있습니다.

코치로서 역할을 충실히 하기 위해 저 역시 끊임없이 배우고 학습하는 태도를 유지하려 노력합니다. 한국코치협회 핵심역량에도 명시되어 있듯, 코치는 평생학습자이기 때문입니다. 이런 의미에서 저는 '코치는 수행하는 사람'이라는 마음가짐을 늘 간직합니다. 마치 수도승이 매일의 기도를 통해 영적 깊이를 더해가듯, 코치도 끊임없는 배움과 성찰, 그리고 실천을 통해 깊이를 더해가는 존재라고 믿습니다.

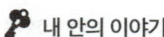 내 안의 이야기

나는 수파리(守破離) 중 지금 어느 단계에 와 있나요?

'외상 후 성장', 꽤 괜찮은 해피엔딩

우리는 종종 가장 어두운 터널 속에서 가장 나다운 빛을 발견합니다. 삶이 예고 없이 던지는 시련들은 우리를 무너뜨리지만, 그 무너짐 속에서 새로운 나를 발견하곤 하죠. 깊은 어둠을 지나 만난 자신의 모습은, 어쩌면 우리가 평생 찾아 헤매던 가장 진실한 얼굴일지도 모릅니다.

얼마 전 ICF 코리아챕터의 20주년을 기념한 첫 행사가 세종대학교 대양 AI 센터에서 열렸습니다. 우리나라 코칭 생태계의 중심에는 '(사)한국코치협회'와 '국제코칭연맹(ICF) 코리아챕터'라는 두 축이 있습니다. 코치 1만 명을 넘어서며 양적, 질적 성장을 이루어 온 코칭계에서, 한국코치협회는 그동안 '코칭 페스티벌'과 같은 대규모 행사를 개최해왔습니다. 이 자리에서 23살 교통사고로 중화상을 입고, 40번의 수술의 고통을 이겨내며 새로운 삶의 챕터를 연 이지선 교수의 '꽤, 괜찮은 해피엔딩' 강연을 만났습니다.

조곤조곤한 목소리로 전하는 말 속에는 삶의 지혜와 위트, 그리고 자신만의 경험을 통해 얻은 진실한 통찰이 담겨 있었어요. 특히 자신을 '사고와 잘 헤어진 사람'이라고 표현하며 '외상 후 성장'으로 풀어낸 이야기는, 우리 모두가 지닌 회복과 성장의 가능성을 일깨웠습니다.

우리는 흔히 '외상 후 반응', '외상 후 장애', '외상 후 스트레스'라는 부정적 단어들을 사용하곤 합니다. 하지만 '외상 후 성장'이라는 표현에서 독특한 관점을 발견하게 됩니다. 이는 단순한 용어의 차이가 아닌, 삶을 바라보는 근본적인 태도의 차이라는 것을요. 우리는 인생의 오르막과 내리막을 경험합니다. 그 순간들을 어떻게 해석하고 받아들이느냐에 따라 외상 이후 성장 가능성이 결정됩니다.

우리는 고통 속에서도 삶을 이어가는 자원을 발견하곤 합니다. 아픔의 한가운데서 피어나는 이 미세한 희망의 씨앗들은, 누군가 심어준 것이 아닌 우리 안에 이미 존재하던 것들입니다. 우리는 고통스러운 감정을 회피하려 하지만, 역설적으로 그 감정을 있는 그대로 마주하고 명명하는 순간 비로소 지혜로 승화시킬 수 있습니다. 스스로 이끌어간다는 것은 결국 자신의 모든 면을 인정하고, 그 안에서 성장의 씨앗을 발견하는 것입니다.

이지선 교수의 이야기는 우리 각자의 인생에서 마주하는 외상과 도전 앞에서, 자신을 이끌며 성장의 기회로 전환하는 힘을 기를 수 있다는 희망을 건넵니다.

우리의 삶은 타인이 써주는 각본이 아닌, 우리 스스로 써 내려가는 에세이입니다. 그 과정에서 만나는 모든 경험, 심지어 고통스러운 외상까지도 우리를 더 단단하고 지혜롭게 만드는 이야기가 될 수 있다는 것을 이번 강연에서 깨닫습니다.

당신 삶의 진정한 주인은 누구입니까?

삶이 주는 고난, 시련마저도 내가 쓰는 이야기가 되는 일. 내 삶을 주도적으로 이끌어가는 것은 다른 누군가가 아닌 바로 우리 자신입니다.

 내 안의 이야기

현재 위치에서 나는 어떤 방식으로 성장하고 있습니까?

월간
'나 자신과의 미팅'

매월 마지막 금요일 오후 네 시, 제 구글 캘린더에는 제가 좋아하는 마젠타 컬러로 표시된 일정이 있습니다. '나 자신과의 미팅'이라고 적힌 이 시간은 누구와의 약속보다 중요하게 여기는 시간입니다. 그 시작은 2023년 상반기가 끝나갈 무렵이었습니다. 4월 말, 문득 이렇게 가다가는 연말에도 뚜렷한 결과물을 얻기 힘들지도 모른다는 막연한 불안감에 저는 캘린더를 열어 6월 30일 '나 자신과의 미팅' 일정을 잡았습니다. 이날은 조직 생활에서 벗어나 1인 코치로 커리어 전환을 한 지 정확히 1년이 되는 날이기도 했습니다. 코치로서 다른 이들의 성장을 돕지만, 정작 자신과의 대화는 소홀히 하고 있었던 건 아닐까, 하며 나 자신과의 첫 미팅 일정을 잡았습니다.

잘 가고 있는 듯하다가도 불쑥 "그동안 나 뭐 했지? 아무것도 한 게 없는 것 같아. 불안한데…"라는 생각이 찾아오곤 합니다. 때론 불안은 몸의 신호로 나타나기도 합니다. 열흘 넘게 감기 몸살을 심하게 앓기도 했으니까요. 몸이 보내는 신호를 알아차리던 순간, 저는 스스로 묻게 되더군요.

"무엇 때문에 불안한 걸까? 올해 초까지만 해도 회사를 그만두고 지금 삶이 너무 평온하고 충만하다며 행복했는데…"

코치로서 고객들의 불안에 다가가는 방법은 알고 있지만, 정작 나 자신의 불안 앞에서는 여전히 서툴다는 것을 깨닫습니다. 이런 자각을 계기로 셀프 코칭을 시작했고, 동료 코치들과 레고 코칭 세션을 가졌으며, MCC 코치에게 코칭을 받는 기회도 얻었습니다. '나 자신과의 미팅'이라는 정기적인 시간을 마련함으로써, 코치인 제가 스스로에게도 필요한 질문과 성찰의 기회를 제공하기 시작했습니다.

셀프 코칭을 통해 깨달은 첫 번째 통찰은 프레임의 변화였습니다. 조직 안에서는 모든 것이 체계적이고 반복적으로 돌아갑니다. 1분기, 2분기, 중장기 계획이 있고, 동료들이 함께 씨줄과 날줄처럼 엮여 목표를 완성합니다. 그런데 홀로서기를 시작하면서 그 견고한 틀이 사라져버렸고, 단순한 자신감만으로는 한계가 있다는 것을 절감하게 되었습니다.

저는 큰 그림을 그리고 전략을 세우는 일을 즐기지만, 세부적인 실행은 늘 동료들이 채워주었다는 것을 깨달았습니다. 효율성을 추구하는 성향 탓에 익숙하지 않은 영역에 시간을 투자하는 것이 비효율적으로 느껴졌죠. 그런데 동시에 모든 것을 혼자 해내야 한다는 강박에 사로잡혀 있었습니다. 제가 잘하는 분야에 집중하고 나머지는 전문가에게 맡기면 되는데도, 스스로 모든 것을 감당해야 한다는 부담을 지고 있었던 거예요. 실제로는 지금도 다양한 파트너들과 협업하며 일하고 있음에도 불구하고, 머릿속에는 여전히 '1인 기업'이라는 프레임이 자리 잡고 있었습니다.

두 번째 통찰은 레고 코칭을 통해 얻었습니다. 1년이라는 시간 프레임이 저를 압박하고 있었던 것입니다. 1년 안에 무언가를 완성해서 '짠!'하고 보여주고 싶은 인정 욕구가 불안의 원인이었습니다. 이 발견도 중요했지만, 더 값진 것은 제 감정과 상태를 진솔하게 나눌 수 있는 파트너들이 있다는 사실이었습니다. 말하는 것만으로도 마음이 가벼워지는 경험은 코치로서 늘 고객들에게 제공하던 것이지만, 이번에는 제가 그 혜택을 누렸습니다. 이 레고 코칭을 통해 목표를 명확히 하고 구체적인 행동 계획을 세우는 데 도움이 되었습니다. 한국코치협회의 핵심역량인 '코칭다움의 적극 경청, 의식 확장, 성장 지원'이 실제로 어떻게 작동하는지 체험하는 소중한 시간이었습니다.

드디어 6월 30일, '나 자신과의 미팅'을 진행했습니다. 어쩌면 약속을 계획한 순간부터 변화가 시작되었는지도 모릅니다. 미팅을 통해 제 삶과 업적을 객관적으로 돌아보니, 지난 1년 동안 아무것도 하지 않았다는 제 인식이 얼마나 왜곡되었는지 깨달았습니다. 실제로는 코치로서 연착륙이라는 첫 번째 목표를 이미 100% 달성했고, 다양한 파트너십을 통해 코칭 비즈니스도 꾸준히 성장시켜왔던 것입니다. 나 자신에게 시간을 내어 귀 기울이는 것만으로도, 자신을 향한 시선이 이렇게 달라질 수 있다는 것이 놀라웠습니다.

또한 자기 계발에도 열심이었습니다. '존중리더십 전문 코치' 교육, '이화여자대학교 경영대학원의 여성 사외이사 전문과정', 'KOO 이니셔티브 페스티벌', 'ICF 코리아챕터 콘퍼런스', '강점 콘퍼런스' 등 굵직한 학습 경험들이 있었습니다. 거기에 꾸준한 독서와 스터디 모임까지 문제는 이 모든 성취가 눈송이처럼 흩뿌려져 하나로 모이지 않고 있었습니다. 눈사람처럼 단단한 형태를 그리고 싶었던 것이지요.

나와 상황을 객관적으로 인식할 수 있었던 월간 '나 자신과의 미팅'은 이제 제 삶의 필수 루틴이 되었습니다. 코치로서 다른 이들에게 건네던 질문이 이제는 저를 향합니다.

"지난 한 달 동안 어떤 성장이 있었나요?"
"지금 네게 가장 필요한 것은 무엇입니까?"

"다음 달에는 어떤 가치에 집중하고 싶나요?"

코치로서 무엇보다 한 사람으로서 자신과의 대화를 소홀히 하지 않는 것. 그것이 바로 진정한 성장의 시작점임을 깨닫습니다.

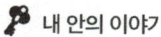 내 안의 이야기

나와 대화하는 시간을 가져 본 적 있나요?

잘하려고
애쓰지 마세요
그저 춤을 추세요

코치로서 다양한 비즈니스 코칭 프로젝트에 참여합니다. 최근에는 블루밍경영연구소의 KCA 역량 프로그램 '실전 비즈니스코칭 과정' FT로서 그룹코칭을 진행했고, 한 기업의 팀장 리더십 역량 강화를 위한 일대일 코칭을 진행하기도 했습니다. 또, 대기업의 멤버사 Immediate 신임 임원 후보군 대상 교육 과정 중에서 '리더의 커뮤니케이션 스킬, 코칭'이라는 주제로 강단에 서기도 했고, 중간중간 개인 라이프 코칭이나 네트워킹과 스터디 등도 빠질 수 없는 코치로서의 일입니다.

비슷한 포맷으로 코칭이나 강의를 하지만 늘 마음과 자세는 새롭습니다. 주로 '코칭과 리더십'을 주제로 현장에 서지만 만나는 고객은 매번 바뀌기에 코칭 현장에 설 때마다 설렘과 긴장감은 동시에 찾아오곤 합니다. 평소 코치로서 원칙은 '최선을 다하자'입니다.

하지만 때때로 스스로에게 '정말 최선을 다하고 있는가?'라고 묻곤 합니다. 그 질문 앞에서 자신 있게 '그렇다'고 답할 수 있을 때도 있고, 부끄러워지는 순간도 있습니다.

최근 즐겨 보는 MBC 예능 프로그램 〈나 혼자 산다〉에서 이주승 배우가 인터뷰에서 한 말이 새로운 질문을 던져주었습니다. "최선을 다하지 않으면 나를 자책하게 될 것 같다"는 그의 이야기를 들으며 코치로서 두 가지 생각이 떠올랐습니다.

첫째, 질문을 통해 답을 얻을 수 있다는 점입니다. 프로그램에서 던져진 질문을 통해 자신의 철학을 정리해 나가는 배우의 모습에서 코칭의 한 장면을 보았습니다. 코칭에서 질문은 스스로 생각을 정리할 기회를 제공할 뿐만 아니라, 원활한 소통을 위한 긍정적인 매개체 역할을 합니다. 상대의 가치관이나 철학, 존재에 대한 호기심 어린 질문과 진심 어린 경청이 소통을 더욱 원활하게 만들기 때문입니다.

둘째, 배우에게 던져진 질문을 저에게도 적용하며 저 자신을 돌아보게 되었습니다. "왜 최선을 다하는 삶이 중요할까?" 쉽게 답이 나오지는 않았지만, 질문하는 과정에서 저는 결과보다 과정에 가치를 두는 사람임을 발견했습니다. 과정에서 저는 제가 자신을 위로하고, 격려하며, 인정하고, 칭찬하고, 응원하고 싶어 하는 사람이라는 것을 알게 된 거예요. 이주승 배우처럼 저 역시 어떤 일에서든 좋은 결과를 얻었든 그렇지 않든 '내가 최선을 다했으니까', '할 수 있는 최선을 다했잖아'라며 자신을 다독이곤 합니다.

제 사부이자 멘토 코치이자 동료 코치이기도 한 김상임 코치는 늘 저의 이런 마음을 잘 아시기에 '잘하려고 하지 말고 춤추고 오면 된다'는 말로 응원합니다.

힘이 잔뜩 들어간 무거운 최선 대신, 힘을 빼고 춤을 추듯 가볍게 최선을 다하는 순간을 상상해 봅니다. 아이러니하게도 그 말을 들으면 힘이 나면서 동시에 힘이 빠지기도 합니다. 코칭이나 강의를 앞두고는 이 말을 만트라처럼 되뇌며 심호흡으로 마인드셋을 다잡습니다.

"최선을 다해 준비했으니 지금 여기에 집중하자. 여기는 파트너십의 공간이다. 고객과 함께 즐겁게 춤을!"

잘하려고 애쓰지 마세요, 그저 춤을 추면 됩니다.

 내 안의 이야기

최선을 다하는 삶을 살고 계신가요? 당신에게 '최선'이란 어떤 의미인가요?

모닝 페이지,
1,000일의
기적

어떤 일을 1,000번 반복하면 무슨 일이 일어날까요? 제 인생에서 작지만 의미 있는 기록 중 하나는 바로 '1,000일 동안의 모닝 페이지'입니다.

"당신은 어떤 작은 습관으로 자신을 변화시킬 수 있을까요?" 그리고 "그 변화를 위해 얼마나 오래 도전할 수 있을까요?" 제게 그 답은 매일 아침 써 내려가는 '모닝 페이지'였습니다. 도전은 시작하는 순간 가장 빛납니다. 하지만 진정한 변화는 그 도전을 지속할 때 찾아옵니다.

모닝 페이지는 줄리아 카메론의 『아티스트 웨이』에서 추천하는 아티스트로 살아가기 위한 가장 기본적인 습관입니다. 매일 아침 일어나자마자 노트 세 페이지에 의식과 무의식의 흐름을 써 내려가는 것이지요. 이 책에서는 누구나 아티스트의 삶을 살 수 있으며, 그렇게 하려면 '모닝 페이지 쓰기'와 일주일에 한 번씩 영감을 채우는 '아티스트 데이트'를 권장합니다.

제가 이 책을 처음 접한 것은 2014년 무렵이었습니다. 17년간 이어온 정치 분야 커리어에서 벗어나 '이제는 나도 내 일을 하고 싶다'는 갈망이 컸던 시기였습니다. 혼자 책을 읽으며 모닝 페이지에 공감했지만, 책 속 워크숍 활동들은 실천하지 못했어요. 그러다 한 코치가 진행하는 〈아티스트 웨이〉 스터디 모임에 참여하게 되었고, 그것이 시작이었습니다.

15~20명이 함께 읽으며 활동하니 혼자 읽을 때와는 다른 역동과 깊이가 있었습니다. 2020년 10월 16일부터 시작한 모닝 페이지는 그렇게 2년 7개월이 넘는, 1,000일의 여정이 되었습니다. 스터디가 끝난 후에도 여섯 명이 모여 만든 인증 모임 덕분에 모닝 페이지를 계속 이어올 수 있었어요. 이 모임이 없었다면 1,000일의 기적은 없었을 겁니다. 덕분에 '꾸준함'을 알게 되었고, 무엇보다 모닝 페이지가 주는 본질적인 힘을 체험하게 되었습니다.

어떤 날은 술술 써지고, 어떤 날은 하얀 종이 앞에서 막막했습니다. 그래도 꾸준히 쓰다 보니 제가 정말 하고 싶은 일들이 자연스레 떠올랐습니다. 누구에게도 보여줄 필요 없는 이 공간은 온전히 나의 친구가 되어 주었어요. 즐거울 때도, 힘들 때도 노트를 펼쳤고,

고민거리를 계속 써 내려가다 보면 어느 순간 해결점이 보이거나 '아하!' 하는 깨달음이 생기곤 했습니다.

책에서 저자는 실천 초반에는 쓴 모닝 페이지를 읽지 말라고 해요. 아마 읽게 되면 포기하고 싶은 마음이 들 수 있기 때문이 아닐까 싶습니다. 처음 한 달을 꾸준히 쓴 후 성찰하는 마음으로 읽었고, 지금은 분기별로 다시 훑어봅니다. 제 생각의 흐름을 살펴보면 도움이 되더라고요. '아무것도 안 한 것 같았는데 그래도 뭐라도 했네', '잘 살았구나' 하며 힘이 나기도 합니다.

1,000일 동안 모닝 페이지를 계속할 수 있었던 또 하나의 비결은 '유연성'이었습니다. 처음 일 년은 가이드대로 아침에 세 페이지를 꽉꽉 채웠지만, 그 후에는 상황에 맞게 조정했어요. 아침이 아닌 다른 시간에 쓰기도 하고, 세 페이지가 아닌 한 페이지만 쓸 때도 있었습니다. 중요한 건 '꺾이지 않는 마음'이었습니다. 덕분에 '해야만 하는 일'이 아닌 '하고 싶은 일'로 여겨져 부담이 없었고, 모닝 페이지를 통해 어떤 일이든 강박과 완벽주의에서 벗어나는 법을 배웠습니다.

저는 스스로 끈기가 부족하다고 생각했습니다. 새로운 것을 시작하는 건 좋아하지만 금세 지치고 지루해하는 '시작 박사'였거든요. 그런데 이번 경험으로 중요한 사실을 깨달았습니다. 내가 정말 좋아하는 일에는 끈기의 잠재력을 발휘한다는 것을요. 세라믹 핸드

페인팅(12년), 만화책 읽기, 아침 스트레칭(20년), 코칭(8년). 제가 좋아하는 일들은 오랫동안 이어오고 있었습니다.

혹시 '나는 끈기가 없어'라고 생각하시나요? 한 번 자문해 보세요. 내가 정말 하고 싶은 일에도 끈기가 없는 것일까? 아니면 하고 있는 일이 진정으로 내가 원하는 일이 아닌 건 아닐까? 저는 자율성을 중요시하는 사람이라 숙제 같은 '해야만 하는 일'에는 동기가 떨어지는 걸 알게 되었습니다. 반면 책임감이 중요한 사람은 '해야만 하는 일'에 몰입할 수 있습니다. 자신의 성향을 이해하면 자신만의 방식으로 끈기를 얻을 수 있습니다.

이제 저는 '시작 박사'에 '끈기 학사' 타이틀을 추가했습니다. 언젠가 박사가 될 날도 오겠지요. 이번 작은 성취로 저는 '할 수 있다'는 자신감을 얻었습니다. 끈기가 주는 효능이 정말 놀랍습니다. 여러분도 한번 시작해 보세요!

1,000일 후의 당신은 어떤 모습일까요?

 내 안의 이야기

나도 모르게 오랜 기간 지속하는 일이 있나요?

로켓에
자리가 나면
일단 올라타라

'서울시 우먼업 인턴십' 프로그램의 취업이음 지원관으로 수년째 참여했습니다. 이 프로그램은 서울시여성가족재단이 추진하는 사업으로, 서울에 거주하는 여성의 취업과 경력 복귀를 위해 일 경험을 지원하고, 역량 있는 여성 구직자와 기업을 연계합니다. 저는 '취업이음 지원관'으로 참여 기업들과 참여자들을 만났습니다.

참여 인턴들은 대부분 결혼과 출산, 육아로 오랜만에 일터로 돌아온 이들이었습니다. 10년 만에 현장으로 복귀해 업무 환경의 변화에 놀라는 사람, 명예퇴직 후 완전히 새로운 분야에 도전하는 사람, 체력적 한계를 느끼면서도 꿋꿋이 적응해가는 이들까지. 그럼에도 모두가 개방적이고 적극적인 태도로 새로운 일터에 적응하려는 모습이 무척 인상적이었습니다.

새로운 일에 도전하거나 남들이 하지 않는 일을 하는 것은 두려움과 불안을 동반합니다. 그러나 그 두려움을 뚫고 용기를 내어 도전하는 태도와 행동이 결과를 다르게 만든다고 믿습니다.

인턴십에 참여한 기업들과 인턴들 모두 이런 용기 있는 도전을 하고 있었습니다. 도전을 좋아하고 잘하는 사람도 그것이 쉬워서 하는 것은 아닙니다. 쉽다면 그건 어쩌면 진정한 도전이 아닐지도 모릅니다.

"로켓에 자리가 나면 일단 올라타라."

제가 좋아하는 말입니다. 때로는 심사숙고보다 일단 해보는 것이 더 효과적일 때가 많습니다. 로켓에 올라타고 그 흐름에 몸을 맡기면, 예상치 못했던 기회와 성장이 찾아옵니다. 취업이음 지원관으로서 만난 분들의 용기 있는 모습을 보며 저 자신에게도 묻게 됩니다.

나는 지금 어떤 도전을 하고 싶은가?
나의 발목을 잡는 생각들은 무엇일까?

때로는 너무 많은 고민보다 '일단 해보자'는 마음가짐이 필요합니다. 여러분도 눈앞에 나타난 로켓, 주저하지 말고 일단 올라타 보세요. 그 여정이 여러분을 어디로 데려갈지 아무도 모릅니다.

하지만 한 가지는 확실합니다. 도전하지 않으면 어디에도 갈 수 없다는 겁니다.

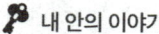 내 안의 이야기

지금 당신 앞에 있는 '로켓'은 무엇이며, 왜 아직 올라타지 못하고 있나요?

내면의
여백은
자기경영으로부터

가끔은 우연히 마주친 단어 하나가 우리 삶의 방향을 일깨우는 도끼가 됩니다. 얼마 전 무심코 읽은 기사 속에서 발견한 단어. '소사이어티'와 마주했을 때의 그 짜릿한 순간을 기억합니다. 마치 오랫동안 찾아 헤매던 퍼즐의 마지막 조각을 발견한 것 같은 기분이었습니다.

저는 '크리액티브 경영연구소'라는 이름으로 1인 기업 코치로서의 여정을 시작했습니다. '창의성(creative)'과 '행동(active)'의 결합인 '크리액티브'는 제 핵심 가치를 담고 있습니다. 우리 모두에게는 고유한 창의성과 잠재력이 있으며, 그것이 행동으로 발현될 때 비로소 무한한 성장이 가능하다는 믿음의 표현이기도 합니다.

하지만 '경영'이라는 단어는 제 비전을 온전히 담아내지 못한다는 느낌이 계속 따라다녔습니다. 여러 대안을 고민하던 중 만난 '쓰리 소사이어티'라는 이름에서 영감을 얻었습니다. 그 순간 전류가 흐르듯 가슴이 뛰었습니다. 자세한 이야기는 이렇습니다.

우연히 보게 된 소식지 '롱블랙(LongBlack)'에 '한국 최초의 싱글 몰트 위스키를 꿈꾼다'라는 제목으로 한국 수제 맥주 시장의 1세대로 꼽히는 핸드 앤 몰트의 설립자인 도정한 대표의 인터뷰 기사가 실렸습니다. 우리나라에서 싱글 몰트 위스키를 만든다고? 위스키가 왜 인기가 있을까 호기심이 생겼습니다. 기사는 위스키에 관한 이야기로 잔뜩 했지만, 정작 제가 그 글을 읽고 영감을 받은 것은 '쓰리 소사이어티'라는 회사 이름이었습니다.

크리액티브 경영연구소 〉 크리액티브 소사이어티!

기존의 회사 이름에 '소사이어티'를 추가하자 제가 추구하는 가치가 명확해졌습니다. 사회(society)는 공통의 관심과 신념, 이해에 기반한 개인들의 집합체입니다. 여기에는 경제적 가치와 사회적 가치가 동등하게 중요하다는 제 신념이 자연스럽게 녹아들었습니다.

우리는 모두 자기 삶의 리더입니다. 자신의 방향성과 목표를 스스로 설정하고, 그것을 향해 성장하며 성취해 나가는 과정에서 '자기 경영'의 원칙이 필요합니다. 그리고 이러한 개인의 성장이 모여 건강한 사회를 이루는 것이 제가 꿈꾸는 비전입니다. 명확한 이름을 찾아낸 순간, 제가 무엇을 하고 싶은지, 무엇을 해야 하는지가 선명하게 보였습니다. 저는 '건강한 개인들이 모여 건강한 사회를 만든다'는 비전을 가지고 있습니다. 이 비전을 구체화하기 위해 '크리액티브 소사이어티'라는 틀 아래, 코칭을 시작점으로 삼아 선순환 비즈니스 시스템을 구축하고자 합니다. 모든 구성원과 고객이 물심양면으로 건강하고 행복한 삶을 통해 번영할 수 있도록 돕는 것이라는 목표가 더욱 뚜렷해졌습니다.

우리는 매일 수많은 장면과 사람, 말과 단어들을 마주합니다. 무심코 지나친 것들이 어떤 순간 가슴 깊이 새겨지는 경험을 하게 됩니다. 이 차이는 무엇일까요?

혜안과 안목은 자기 경영의 결실입니다. 자신의 마음과 시간, 집중력을 스스로 다스리는 능력이 무르익을 때, 우리 내면에는 묘한 여백이 생겨납니다. 바쁨과 소음으로 가득 찬 일상에서도 그 여백은 우리에게 숨 쉴 공간을 선물하죠. 그리고 그 공간에서 비로소 우리는 일상의 평범한 순간들 속에 숨겨진 특별함을 발견할 수 있는 혜안과 안목이 생겨납니다.

스쳐 지나가던 꽃 한 송이가 갑자기 색다른 의미로 다가오고, 수백 번 들었던 말 한마디가 어느 날 갑자기 새로운 통찰로 다가오는 경험. 자기 경영을 통해 가꾼 내면의 여백이 만들어 낸 기적입니다. 자기 경영의 여정은 결국 우리의 눈과 마음에 특별한 렌즈를 선물합니다. 그리고 이 렌즈를 통해 바라본 세상은 언제나 새롭고 경이로운 모습일 지도 모르겠습니다.

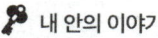 내 안의 이야기

삶의 방향성을 담아낼 수 있는 자신만의 '단어'는 무엇입니까?

나에게 독서란
○○○이다

　어린 시절 기억 중 가장 선명한 것은 언제나 책과 함께였던 순간들입니다. 그리고 그 책들이 제 안에 심어준 작은 씨앗 하나, '나만의 삶을 살아보자'는 용기가 제게 특별한 경험을 선물했습니다.

　중학교 시절, 책은 저의 또 다른 세계였습니다. 울리는 종소리 사이, 불과 10분의 짧은 쉬는 시간. 다른 친구들이 화장실로, 매점으로 분주히 움직이는 그 짧은 틈새에도 저는 책가방에서 소설책을 꺼내 들곤 했습니다.
　지금 생각해 보면, 그때는 약간의 허영심도 있었던 것 같습니다. 십대 사춘기 소녀의 마음속에는 '나는 남들과 다르다'는 존재 표현을 하고 싶은 욕구가 있었을지도 모릅니다. 누구나 읽는 책이 아닌, 조금 어렵고 깊이 있는 책을 읽음으로써 나만의 정체성을 찾으려 했던 것이겠지요. 어쩌면 그런 마음이 있었기에 괴테의 『젊은 베르테르의 슬픔』과 헤르만 헤세의 『데미안』 같은 깊이 있는 고전들을 택했는지도 모릅니다. 지금 돌이켜보면 그 나이에 그런 책들을 완전히 이해했을 리 없습니다. 사실 성인이 된 지금도 이 작품들의 깊이를 온전히 파악하기는 쉽지 않으니까요. 당시의 저는 그저 단어들을 따라가며 이야기의 흐름을 좇았을 뿐, 그 심오한 철학적 질문들과 인간 내면의 복잡한 풍경들을 온전히 담아내지는 못했을 것입니다.

그럼에도 불구하고, 책들은 나를 다른 세계로 데려갔습니다. 베르테르의 가슴 아픈 사랑에 함께 울었고, 데미안과 싱클레어의 영혼의 여정에 동참했습니다. 때로는 내가 이해하지 못하는 구절들 앞에서 멈춰 서기도 했지만, 그 모든 순간이 나의 내면을 조금씩 확장했다고 믿습니다. 어쩌면 남들과 다르게 보이고 싶으면서도, 또 한편으로는 내 안의 깊은 질문들에 대한 답을 찾고 있었던 것인지도 모릅니다.

제 삶의 수많은 도전은 제가 읽었던 수많은 책 속 주인공들의 모험과 닮아있었습니다. 『젊은 베르테르의 슬픔』이나 『데미안』 같은 깊은 고전들을 완전히 이해하지 못하면서도 탐닉했던 어린 제가, 그 이야기들 속에서 자신만의 삶을 살아가는 용기를 배웠던 것 같습니다.

책 속에서 만난 다양한 삶의 이야기들이 제게 용기를 주었고,

그 용기는 현실에서 작은 도전으로 이어졌습니다. 모든 도전이 성공으로 이어진 건 아니지만 그 경험 자체가 제 삶에 새로운 페이지를 더했습니다.

작년에는 '책 100권 읽기'라는 작은 목표를 품게 되었습니다. 이 목표가 생긴 건 2022년 초, 한 코치와의 우연한 식사 자리에서였습니다. 그 해 새롭게 도전하고 싶은 것들에 대해 이야기를 나누던 중, 코치가 '책 100권 읽는 것이 목표'라고 말했습니다. '집중(Focus)'이 상위 강점인 그분이라면 분명 이루어내실 거라 생각했고, 그 순간 저도 모르게 저 역시 100권에 도전해볼까 하는 생각이 마음속에 자리 잡았습니다.

일단 '북적북적'이라는 독서 기록 앱에 읽은 책마다 간단한 메모를 남기기 시작했습니다. 한 권, 또 한 권, 일상에서 꾸준히 책을 읽어나갔고, 연말이 되어 앱을 열어보니 놀랍게도 72권이라는 숫자가 쌓여있었습니다. 의식적으로 세지 않았는데도 이렇게 많은 책을 읽었다는 사실에 저 자신도 깜짝 놀랐습니다.

이 경험을 통해 저는 무의식의 힘, 말의 힘, 생각의 힘이 얼마나 강력한지 깨달았습니다. 누군가의 한마디가 제 안에 작은 씨앗으로 심어져 72권이라는 열매를 맺은 것입니다.

제 책상 한쪽에는 특별한 공간이 있습니다. '올해의 책'들을 언제든 손을 뻗으면 닿을 수 있게 모아둔 곳입니다. 그곳에는 네 권의 보물 같은 책이 자리하고 있습니다. 스티븐 코비의 『성공하는 사람들의 7가지 습관』, 김효근 교수의 『마스터피스 전략』, 김주환 교수의 『내면 소통』, 이 세 권은 제 일과 삶에 깊은 영감을 불어넣어 주는 책들입니다. 흥미롭게도 모두 두께가 상당한 책들이지요. 마치 그 두께만큼 깊은 지혜를 담고 있는 듯합니다.

마지막 한 권, 짐 벤슨과 토니 안 드마리아 배리의 『퍼스널 애자일, 퍼스널 칸반』은 이론을 넘어 실천으로 이어지는 다리가 되어준 책입니다. 읽자마자 일상에 바로 적용할 수 있는 실용적인 지혜가 담겨 있어 제 삶에 구체적인 변화를 가져다주었습니다. 이 네 권의 책을 바라볼 때마다, 처음 그 책을 읽었을 때 느꼈던 감동과 깨달음이 몰려와 기분이 좋아지곤 합니다.

스티븐 코비의 『성공하는 사람들의 7가지 습관』을 최근 한 특강을 통해 다시 접하게 되었습니다. 이 책은 코칭과 매우 비슷한 지점이 많았습니다. 특히 일의 우선순위에 대한 고민을 많이 하던 시기인데, 중요하지만 급한 일들을 먼저 처리하느라 '중요하지만 덜 급한 일들'이 밀려나는 것에 대한 인사이트를 얻었습니다. 책에서 강조하는 일곱 가지 습관에는 '자신의 삶을 주도하라, 끝을 생각하며 시작하라, 소중한 것을 먼저 하라, 상호 의존의 패러다임, 승-승을 생각하라, 먼저 이해하고 다음에 이해시켜라, 시너지를 내라, 끊임없이 쇄신하라'입니다. 코칭과 연결되는 지점들이 많아서 추천하고 싶은 책입니다.

이화여자대학교 사외이사 전문과정의 담임 교수였던 김효근 교수의 『마스터피스 전략』과의 만남은 제게 특별한 경험이었습니다. '작곡하는 학자'라는 독특한 별명으로도 알려진 김효근 교수는 경영학자이면서 동시에 뛰어난 작곡가이기도 합니다. 2010년부터 여섯 장의 작곡집 앨범을 발표했고, 그중에는 박은태 뮤지컬 배우가 부른 '내 영혼 바람 되어'를 비롯해 '눈', '첫사랑', '우리가 서로 사랑한다는 말은' 등 많은 이들의 마음을 울린 곡들이 있습니다.

김 교수는 이화여자대학교 경영대학원에서 '예술경영 전략'이라는 혁신적인 개념을 제시했는데, 이 접근법이 제가 추구하던 경영 방식과 너무 결이 맞아 재미있게 읽었습니다. 이 책에 담긴 통찰력과 비전에 깊이 매료되어, 저는 박사 과정을 시작하고 싶다는 열망마저 품게 되었습니다. 아쉽게도 김효근 교수의 정년이 2년 후로 예정되어 있어 더 이상 학생을 받지 않는다는 소식을 들었지만, 이때의 작은 생각은 나비효과를 일으켜 결국 2년 후에 건국대 산업융합학부의 벤처경영공학 전공으로 박사 과정을 시작하게 되었습니다.

『내면 소통』이라는 책과 저의 만남은 김주환 교수의 특강을 통해 시작되었습니다. 사실 이 책은 오래전부터 제 서재 책장에 자리하고 있었지만, 선뜻 손이 가지 않았던 책이었습니다. 하지만 김 교수의 특강에 매료된 후, 마침내 그 책을 펼쳐보게 되었습니다. 책을 읽어나가며 비로소 깨달았습니다. 김주환 교수가 커뮤니케이션 학자라는 사실과 함께, 그분이 이 책에서 추구하는 방향이 무엇인지를 말입니다. 저 역시 커뮤니케이션을 전공했던 사람으로서, 지금까지 저와 많은 이들의 관심은 주로 '외부 소통'에 맞춰져 있었습니다. 대중을 향한, 타인을 향한 커뮤니케이션만을 연구하고 발전시켜 왔던 것이지요.

그런데 김주환 교수는 이러한 틀을 완전히 뒤집어 놓았습니다. 남들이 주목하지 않던 영역, 바로 '나와의 소통'이라는 내면의 대화에 집중했던 것입니다. 이 깨달음을 통해 『내면 소통』이라는 제목의 의미가 마침내 저에게 온전히 다가왔습니다. 단순한 책 제목이 아니라, 커뮤니케이션에 대한 패러다임의 전환을 의미했습니다. 이러한 발상의 전환은 저에게 신선한 충격이었습니다. 그리고 그 순간, 책을 향한 저의 관점도, 커뮤니케이션을 바라보는 저의 시각도 완전히 달라졌습니다. 타인과의 소통에 앞서, 자신과 깊은 대화가 선행되어야 한다는 이 단순하면서도 혁신적인 통찰이 저의 마음을 새롭게 열어주었습니다.

돌이켜보면, 어린 시절부터 책은 늘 친구 같은 존재였어요. 외로울 때나 슬프고 힘든 순간에도 책은 항상 곁에서 위로가 되어주곤 했죠. 제 인생에서 책이 사라진 세상은 상상조차 하기 어렵습니다. 마치 색채 없는 풍경처럼 삭막하고 생기 없는 세상이 떠올라요.

독서는 제게 단순한 취미가 아닌 영감의 원천이기도 합니다. 앞으로 만나게 될 새로운 책들에 대한 기대감으로 벌써 가슴이 설레네요. 하지만 그와 동시에, 이미 읽었던 소중한 책들과도 시간을 두고 다시 대화하고 싶다는 생각도 하게 됩니다. 마치 오랜 친구와의 재회처럼, 익숙한 책을 다시 펼칠 때마다 새로운 깨달음과 감동이 찾아오기 때문입니다.

우리 삶에서 좋은 친구가 미치는 영향은 참으로 크고 다양합니다. 친구는 기쁨을 나누고, 슬픔을 위로하며, 때로는 도전을 통해 우리를 성장시키죠. 책 역시 마찬가지입니다. 책은 제게 영감과 통찰을 선물하고, 위로와 격려를 건네며, 때로는 새로운 세계로의 모험을 안내합니다.

 내 안의 이야기

내 삶에 영향을 끼친 책은 무엇입니까?

파트너십에서
팀십으로

개인의 성공은 한계가 있고, 팀의 성공은 무한하다.

- 피터 호킨스

코칭의 세계는 끊임없이 진화하고 있습니다. 불과 10여 년 전만 해도 코칭이라고 하면 일대일로 이루어지는 개인 코칭을 떠올렸습니다. 코치와 고객이 마주 앉아 깊은 대화를 나누는 이 친밀한 형태는 코칭의 고전적인 이미지였죠. 그러나 오늘날 코칭의 지형도는 급격히 변화하고 있습니다. 개인 코칭에서 그룹 코칭을 거쳐, 이제는 '팀 코칭'이라는 새로운 패러다임으로 중심축이 이동하는 걸 목격하고 있습니다.

어떻게 이런 변화가 일어나고 있을까요? 현대 조직의 성공 요소가 바뀌고 있기 때문입니다. 오늘날의 기업들은 개인의 뛰어난 능력만으로는 복잡한 문제를 해결할 수 없습니다. 협업적 리더십, 집단 지성, 시스템 차원의 효율성이 중요해진 시대에, 팀 코칭은 이러한 요구에 완벽하게 부응합니다.

팀 코칭은 단순히 개인 역량 강화를 넘어, 팀원 간의 상호작용과 관계성에 초점을 맞추고 있어요. 팀이라는 유기체 전체의 건강과 효과성을 높이는 것이 목표죠. 특히 애자일 방법론과 수평적 구조를 도입하는 조직들에게 팀 코칭은 혁신의 촉매제가 되고 있습니다. 빠른 피드백, 지속적 학습, 유연한 대응 등 모든 것을 팀 코칭이 가능하게 합니다.

"팀 전체가 코칭 문화를 받아들이면, 한 사람이 코칭을 시도하는 것보다 훨씬 큰 시너지가 생깁니다." 이것은 제가 최근 참여한 팀 코칭 과정에서 들었던 말입니다. 개인의 성장도 중요하지만, 팀의 공동 성장이 진정한 조직 발전의 열쇠입니다.

팀 코칭의 확산으로 국제코칭연맹(ICF)과 유럽멘토링코칭협회(EMCC) 같은 글로벌 기관들은 팀 코칭에 특화된 역량 모델과 표준을 지속적으로 정립하고 있습니다. 코치들 역시 전문적인 팀 코칭 인증을 통해 시장에서 경쟁력을 높이기 위해 노력하고 있어요.

이러한 흐름을 감지하며, 저는 '시스테믹 팀 코칭 인증 프로그램(STCC)'에 참여할 기회를 얻었습니다. 세계적인 코칭 구루 피터 호킨스 박사가 직접 진행하는 이 프로그램이 한국에서 처음 열린다는 소식에, 저는 주저 없이 신청서를 보냈습니다. 코치로서, 특히 '코칭 슈퍼바이저'로서 피터 호킨스 박사에 대해 들어보신 적이 있을 겁니다. 비교적 큰 비용과 치열한 경쟁에도 불구하고, 제 '행동(Activator)' 테마가 한껏 발휘된 탓인지 프로그램 참가 확정 명단에서 제 이름을 맨 앞에서 발견하며 혼자 미소를 짓던 에피소드도 떠오릅니다.

코칭 슈퍼비전의 선구자로 알려진 피터 호킨스 박사는 제게 새로운 영감의 원천이었습니다. 25년간 코칭 슈퍼비전을 발전시켜 온 그가 이제는 팀 코칭 분야의 '생각 리더(Thought Leader)'로 활약하고 있다는 사실이 놀라웠습니다. 호킨스 박사가 팀 코칭까지 전문으로 하신다니, 그의 전문 영역이 이렇게 광범위한지 미처 몰랐습니다. 교육 과정 중 우리가 실수할 때마다 'Pause~'라고 말하며 찰나의 순간까지 조언을 놓치지 않는 그의 열정과 통찰력은 감탄을 자아냈습니다.

"40년 동안 이 일을 하면 다 자연스럽게 알게 된다"라는 재치 있는 그의 한마디는, 깊은 전문성이 가져다주는 여유와 자신감입니다. 이론적 지식뿐만 아니라 CID-CLEAR 모델과 팀 코칭의 다섯 가지 원칙을 실제 사례를 통해 체험하는 과정은, 책으로는 결코 배울 수 없는 귀중한 경험이었어요. 과정 후 단체 채팅방에 올라온 피드백을 보니, 저를 포함한 모든 참석자의 만족도가 최상이었습니다. 프로그램을 이수한 코치들에게는 'Academy of Executive

Coaching(AoEC)의 Systemic Team Coaching®' 수료증이 수여되었습니다.

코칭의 본질은 파트너십입니다. 수평적 관계 속에서 고객의 무한한 가능성과 잠재력을 믿고, 성장을 촉진하는 것이 코칭의 핵심이죠. 그러나 이제 우리는 파트너십을 넘어 팀십이라는 더 확장된 개념으로 나아가고 있습니다.

이러한 파트너십은 고객과의 관계에만 국한되지 않습니다. 코칭 비즈니스 현장에서는 코치 간의 파트너십 형태로 일하는 경우도 빈번합니다. 저 역시 '크리액티브 소사이어티'라는 사업체를 운영하면서도, 블루밍경영연구소와 파트너십을 맺고 파트너코치로 활동하고 있습니다. 그런데 어느 순간부터 ICF(국제코칭연맹)를 비롯한 여러 코칭 관련 기관들이 팀 코칭 영역을 중요한 의제로 다루기 시작했음을 발견했습니다. 사실 제가 이 팀 코칭 과정에 참여하게 된 주요 동기는 바로 이러한 흐름이었습니다. 항상 선두 주자가 되고자 하는 저의 성향에 따라, 팀 코칭이 앞으로 중요한 트렌드가 될 것(어쩌면 이미 되었을지도 모르는)이라는 직관적 판단이 작용했다고 할 수 있겠네요.

팀은 단순히 여러 사람이 모인 그룹이 아닙니다. 그것은 공동의 목표를 향해 함께 움직이는 유기적 시스템입니다. 일반적인 그룹 코칭이 여러 개인을 대상으로 하는 확장된 일대일 코칭이라면, 팀 코칭은 위계와 서열이 있는 실제 팀을 대상으로 합니다. 이 차이는 미묘하지만 근본적입니다. 팀 전체가 동일한 언어와 방식을 적용하기 때문에 자연스럽게 조직문화로 정착되기 쉽습니다. 이는 비용과 시간 투자를 줄이면서도 팀워크를 향상시키는 장점이 있습니다. 또한 팀의 공동 목표와 그 달성 과정에서 발생하는 소통, 관계, 역량, 갈등 등을 다루기 때문에 진정한 팀십을 구축하여 성과를 높일 수 있습니다.

3일간의 팀 코칭 교육에서 30명의 참가자가 다섯 개 팀으로 나뉘어 실습한 경험은 저에게 깊은 통찰을 주었어요. 제가 속한 6인 팀에서 팀워크의 역동성을 직접 체험하며, 저는 중요한 깨달음을 얻었습니다. 자신이 속한 팀에만 집중하는 것이 아니라, 더 큰 시스템을 바라보는 시각의 중요성을 말이죠.

특히 인상적이었던 것은, 코치로서 우리가 얼마나 팀 구성원들에게 롤모델이 되는지를 직접 경험한 점입니다. (사)한국코치협회의 윤리 실천 역량에서는 "코치는 자신의 전문 분야와 삶에서 고객의 롤모델이 되어야 한다"고 명시하고 있습니다. 이는 팀 코칭에서 더욱 중요합니다. 팀십을 이야기하면서 정작 코치가 팀워크를 보여주지 못한다면, 그것은 공허한 메아리에 불과할 테니까요.

팀 코칭은 단순한 트렌드가 아닌, 코칭의 미래입니다. 국제코칭연맹(ICF)과 유럽멘토링코칭협회(EMCC) 같은 글로벌 기관들이 팀 코칭에 특화된 역량 모델과 표준을 정립하는 것도 이 때문입니다. 저는 이 흐름을 일찍 감지하고 팀 코칭 교육에 참여했습니다. 그리고 이제 확신합니다. 코칭의 미래는 개인을 넘어 시스템적이고 측정할 수 있는 팀 성과를 목표로 할 것이며, 팀 코칭은 조직 발전의 핵심 영역으로 자리 잡을 것입니다. 앞으로 팀 코칭과 팀십이 어떻게 발전해 나갈지는 아직 미지의 영역입니다. 그러나 한 가지 분명한 것은, '우리가 함께일 때 더 강하다'는 오래된 진리가 현대적 코칭 방법론과 만나 새로운 시너지를 창출하고 있다는 사실입니다. 파트너십에서 팀십으로. 이것이 코칭이 걸어가야 할 새로운 여정입니다. 그리고 저는 이 흥미진진한 여정의 일부가 되어, 코칭의 새로운 지평을 함께 열어가고 싶습니다.

 내 안의 이야기

우리 팀이 진정으로 추구하는
공동의 목표와 가치가 무엇인지 모두 명확히 인식하고 있나요?

· 4 ·

일과 마주하며 배운 일의 태도

전문 코치로 일하며 깨달은 나다움의 가치와
나누고 싶은 진솔한 이야기

당신의
롤모델은
누구인가요?

마음속 깊이 닮고 싶은 사람이 있나요? 삶의 어느 지점에서 우리는 누군가의 모습 속에 내일의 나를 그려 보곤 합니다. 그 존재를 우리는 흔히 '롤모델(존경하거나 닮고 싶은 사람. 해당 용어는 로버트 머튼 Robert K. Merton이 처음 사용하였다. 유사한 말로는 우상, 역할 모델, 본보기 등이 있다.)'이라고 부릅니다. 코치로서 의식적으로 하는 질문 중에 관점 전환 혹은 의식 확장을 위하여 종종 사용되는 질문 중의 하나가 '당신의 롤모델은 누구인가요?'입니다. 평소 롤모델이 딱히 없던 저는 이 질문을 그다지 좋아하지 않아서 잘 사용하고 있지는 않았습니다.

롤모델의 사전적 의미는 존경하거나 닮고 싶은 사람입니다. 생각해 보면 존경하는 사람은 많습니다. 세종대왕도, 이순신 장군도, 제가 오랫동안 보좌했던 노무현 대통령도 존경합니다. 유명 인사가 아니어도 저를 키워주신 저의 사랑하는 부모님도 너무 존경합니다.

존경하는 사람은 세상에 참 많습니다. 저에게 늘 영감을 주었던 스티브 잡스도 너무 좋아하고 존경합니다. 그런데, 제가 그들을 닮고 싶은 것인지는 선뜻 대답하기 어렵습니다. 직관이 존재하는 시간은 15초라는 뇌과학 연구 결과를 최근에 접한 적이 있습니다. 어떤 판단도 하지 않고 15초 안에 가슴에서 인정하고 자동 반사처럼 입으로 튀어나와야 하는데 그분들을 닮고 싶은가에는 침묵의 시간이 15초를 넘습니다.

제가 정의하는 롤모델은 존경하고 닮고 싶은 사람을 넘어 자기 삶에 큰 영향력을 끼치는 사람입니다. 그런 관점에서 볼 때, 저의 롤모델이 있었습니다. '영화에 등장하는 가상 인물에서 찾아보면 어때요?'라는 한 코치의 질문을 듣자 저의 시야가 확장됨을 느꼈습니다. 맞아요! 그렇게 생각해 보니, 저의 롤모델은 곳곳에 살아있었습니다. 18세기 말에서 19세기 초에 활동했던 영국의 소설가 제인 오스틴의 『오만과 편견』에 나온 여성 주인공 엘리자베스 베넷이 가장 먼저 떠올랐어요. 초등학교 시절, 아버지와 함께 TV에서 방영하던 〈오만과 편견〉 영화를 보던 장면이 지금도 생생합니다. 18세기 말에서 19세기 초 영국 사회를 배경으로 한 이 소설은 사랑과 결혼, 사회적 계급에 관한 이야기를 풍자적이고 재치 있게 그리고 있습니다. 엘리자베스와 다아시가 오만과 편견을 극복하고 진정한 가치를 찾아가는 과정은 평등하고 자유로운 사회를 옹호하는 메시지를 담고 있습니다.

그 생각은 꼬리를 물고, 맞아!『작은 아씨들』도 참 좋아했던 소설이었지! 그 책에서도 저는 둘째 조의 캐릭터에 빠졌습니다. 네 자매 중 둘째였던 '조'는 책 읽기를 좋아하고 상상력이 풍부하며 작가를 꿈꾸는 인물입니다. 그 역시 당당하고 개성이 강한 성격으로, 사회적 편견과 오만함에 맞서고 자신의 사랑과 가치관을 지키려고 노력하는 여성입니다. 원작자인 루이자 메이 올컷의 삶을 반영한 캐릭터이기도 합니다. 시대를 앞서가는 여성으로 자신의 꿈과 열정을 포기하지 않고 독립적인 삶을 살고자 하는 모습이 제게 큰 감동을 주었습니다.

왜 이 여성이 어린 제 눈과 가슴에 들어왔는지는 정확히 알 수 없지만, 아마도 자기 삶을 주도적으로 선택하고 특히 사랑까지도 스스로 결정할 수 있는 그의 모습이 멋지게 느껴졌던 것 같습니다.

"외로워도 슬퍼도 나는 안 울어~ 캔디!"

엘리자베스 베넷, 조 이외에도 제게 깊은 영향을 준 또 다른 인물이 있습니다. 바로 만화『캔디 캔디』또는『들장미 소녀 캔디』의 주인공입니다. 초등학교 4~5학년 무렵, 이 만화는 선풍적인 인기를 끌었고, 저는 아홉 권으로 출간된 만화책에 푹 빠져 시간을 보내곤 했습니다.

"외로워도 슬퍼도 나는 안 울어. 참고 참고 또 참지 울긴 왜 울어. 웃으면서 달려보자~"

지금도 귓가에 맴도는 주제가처럼, 이 만화의 영향력은 컸습니다. 심지어 결말이 마음에 들지 않아 캔디 이후의 이야기를 직접 쓰며 소설가의 꿈을 키우기도 했습니다.

흥미롭게도 엘리자베스와 조, 캔디는 많은 공통점을 가지고 있습니다. 등장인물 모두 당대의 사회적 규범에 맞서 자신의 가치관을 굳건히 지키며, 어떤 상황에서도 자신의 삶을 주도적으로 이끌어간 여성들입니다. 엘리자베스가 신분과 재산보다 인격을 중시하며 결혼 상대를 선택했듯이, 조는 사회적 편견과 오만함에 맞서고 자신의 사랑과 가치관을 지켰습니다. 캔디 역시 고난 속에서도 자신의 신념과 희망을 잃지 않고 자신만의 길을 개척해 나갔습니다.

세 인물에게서 느낀 '자기 삶의 주인은 자신'이라는 주도적인 성향이 저에게 깊은 인상을 남겼습니다. '버디버디' 메신저를 사용하던 시절 제 이름 옆에 적었던 '늘 멋지고 당당하게!'라는 문구가 이를 표현합니다. 무의식적으로 이 롤모델들이 제 정체성 형성에 영향을 미쳤던 것입니다.

어쩌면 제가 '라이프 디자인 아티스트'라는 정체성을 갖게 된 것도 이 세 인물의 영향이 아닐까 싶습니다. 엘리자베스, 조의 자신을 속이지 않는 진실함과 캔디의 끝없는 긍정과 용기가 지금의 제가 추구하는 가치, 멋지고 당당한 삶, 스스로 삶을 디자인하는 자율성의 씨앗이 되었을 것입니다.

제 삶의 뿌리가 되는 인물들이 있었다는 사실도 그렇고 수많은 이야기 속에서 독립적이고 주도적인 캐릭터가 제 눈에 들어온 것도 신기한 인연입니다. 지금의 제가 하루아침에 만들어진 것이 아니라, 타고난 성향과 다양한 경험, 그리고 어린 시절 만난 문학 속 인물들이 모여 현재의 모습을 이루고 있다는 것을 깨닫게 됩니다.

당신의 롤모델은 누구였나요? 잠시 추억 여행을 떠나 당신에게 영향을 미친 캐릭터를 떠올려보세요. 그들의 어떤 모습에 이끌렸나요? 그 답 속에 당신이 진정으로 되고 싶었던 모습, 그리고 지금의 당신을 이루는 중요한 조각이 숨어 있을지도 모릅니다.

 내 안의 이야기

당신의 롤모델은 누구인가요? 그들의 어떤 모습에 이끌렸나요?

나는 지금
어디를 향해
가고 있나요?

 우리는 종종 자신에게 묻습니다. '나는 지금 어디를 향해 가고 있을까?'

 인생이라는 바다를 항해하는 우리에게는 방향을 알려주는 북극성 같은 지표가 필요합니다. 비전 보드는 바로 그런 역할을 하는 강력한 도구입니다. 흔들리는 일상에서도 꿈과 목표를 향해 나아갈 수 있게 해주는 시각화된 나침반인 셈이지요.

 비전 보드란 무엇일까요? 간단히 말해, 우리가 바라는 미래의 모습을 시각적으로 표현한 것입니다. 꿈, 목표, 열망을 이미지나 글로 표현하여 매일 볼 수 있는 곳에 두면, 우리의 무의식은 그것을 향해 자연스럽게 움직이기 시작합니다. 심리학자들은 이를 '망상 현실화'라고 부르기도 합니다. 우리가 반복적으로 보고 생각하는 것이 현실이 될 가능성이 커진다는 원리죠. 비전 보드는 이 원리를 활용한 실천적 도구입니다.

최근 저는 네 번째 비전 보드를 완성했습니다. 처음 비전 보드를 작성할 때는 막막했습니다. 무엇을 원하는지, 어떻게 표현해야 할지 몰랐으니까요. 두 번째, 세 번째도 쉽지 않았습니다. 하지만 이번 네 번째 작업에서는 시작하는 순간부터 가슴이 뛰었습니다.

흥미로운 점은 이전 비전 보드와 비교했을 때 발견한 일관성입니다. 표현 방식은 달랐을지 몰라도, 제 비전의 핵심은 변하지 않았더군요. 마치 매일매일 조금씩 숙성되어 온 포도주처럼, 제 꿈은 시간이 지나며 더 선명하고 깊어지고 있었습니다.

'중요한 것은 꺾이지 않는 마음'이라는 말처럼, 방향성을 잃지 않고 일관되게 추구해온 비전이 차곡차곡 쌓여 지금의 더 선명한 목표로 이어진 것입니다. 이것이 바로 비전 보드가 발휘하는 무의식의 힘입니다.

비전 보드를 만드는 방법은 다양해요. 제 경우는 주로 글로 표현하지만, 많은 사람은 이미지를 활용합니다. 잡지에서 오려낸 사진들, 인터넷에서 찾은 영감을 주는 이미지들, 직접 그린 그림까지 어떤 형태든 자신에게 맞는 방식을 선택하면 됩니다.

이미지를 활용한 비전 보드는 특히 직관적이고 접근하기 쉽습니다. 자신도 모르게 끌리는 이미지들을 모아보면, 그 안에서 패턴이 보이기 시작합니다. 어떤 이미지는 가족과 관련되어 있고, 다른 것들은 경력이나 취미와 연결될 수 있습니다. 이렇게 자연스럽게 분류된 이미지들은 우리 내면의 욕구와 방향성을 보여주는 거울이 되죠.

예를 들어, 한 지인은 자신의 비전 보드에 바다가 보이는 집, 가족과 함께하는 식사 장면, 그리고 책을 쓰는 모습의 이미지를 붙였습니다. 처음에는 단순히 좋아하는 것들이라고만 생각했지만, 이를 통해 '창의적인 작업을 하면서도 가족과 함께 자연 속에서 균형 잡힌 삶'을 원한다는 자신의 진정한 열망을 발견했습니다.

저의 비전은 '물심양면으로 함께하는 사람들의 행복을 추구하고, 인류 사회의 성장과 발전에 기여한다'는 미션 아래, '1조 달러 가치의 대통령의 코치'가 되는 것입니다. 너무 거창하게 들릴지도 모르겠네요. 하지만 비전은 크고 높을수록 더 큰 에너지를 만들어 냅니다.

흔히 현실적인 목표만 세우라고 조언하는 경우가 많습니다. 물론 단기 목표는 구체적이고 달성할 수 있는 것이 중요하죠. 하지만 비전은 다릅니다. 비전은 우리의 가능성을 제한하지 않는, 가슴 뛰게 하는 원대한 그림이어야 합니다.

인류 역사상 위대한 성취들은 모두 비현실적으로 보였던 비전에서 시작되었습니다. 일론 머스크가 인류를 화성에 보내겠다고 했을 때, 많은 사람이 비웃었습니다. 마틴 루터 킹 주니어의 'I have a dream' 연설이 처음 나왔을 때도 비현실적으로 보였을 것입니다. 하지만 이런 원대한 비전이 세상을 변화시키는 원동력이 되었습니다.

비전을 세울 때 스스로 질문을 던져 보세요. '이 비전을 생각할 때 가슴이 뛰는가?' 만약 그렇다면, 당신은 올바른 방향으로 가고 있는 것입니다. 가슴이 뛰지 않는다면, 아마도 더 큰 꿈을 꿀 필요가 있을지도 모릅니다.

비전 보드를 만드는 것은 시작에 불과합니다. 진정한 변화는 그 비전을 향한 일상의 작은 행동들에서 옵니다. 저는 2024년 3월에 비전 보드를 업데이트한 후, 이제 그 비전을 달성하기 위해 에너지를 집중하기로 했습니다. 저는 매일 아침 비전 보드를 보며 하루를 시작합니다. 작은 결정들을 내릴 때도 '이것이 내 비전에 부합하는가?'라고 질문하고요. 모든 선택이 비전과 일치할 수는 없지만, 이런 의식적인 질문은 우리를 조금씩 올바른 방향으로 이끌어줍니다.

또한 비전을 주변 사람들과 공유하는 것도 도움이 됩니다. 공개적으로 선언함으로써 책임감이 생기고, 때로는 예상치 못한 지원과 기회가 찾아오기도 합니다. 물론 모든 사람이 당신의 비전을 이해하거나 지지하지는 않을 것입니다. 그럴 때는 자기 내면의 목소리에 귀 기울이는 용기가 필요합니다.

인생은 예측할 수 없는 바다와 같습니다. 때로는 폭풍우가 치고, 때로는 안개가 자욱해 앞이 보이지 않기도 합니다. 그럴 때 비전 보드는 우리의 나침반이 되어 줍니다. '나는 지금 어디를 향해 가고 있나요?'라는 질문에 대한 답은 결국 우리 자신 안에 있습니다. 비전 보드는 그 답을 찾아가는 여정을 도와주는 지도입니다. 당신만의 북극성을 발견하고, 그 빛을 따라 나아가는 용기를 갖기를 바랍니다.

저도 이제 막 네 번째 비전 보드와 함께 새로운 항해를 시작했습니다. 이 여정이 어디로 이어질지 기대가 됩니다. 여러분도 자신만의 비전 보드를 만들어보시길 권합니다. 당신의 내면에 이미 존재하는 꿈이 선명한 모습을 드러낼 때, 그 설렘과 에너지는 상상 이상의 변화를 만들어 낼 것입니다.

 내 안의 이야기

당신의 비전은 무엇입니까? 자신만의 비전 보드를 만들어보세요.

내 삶은
내가
선택하는 것

　누구나 태어나 각자의 자리에서 최선을 다하며 살다가 생을 마감합니다. 삶의 큰 틀은 변하지 않습니다. 태어남, 삶, 죽음. 이 세 단계 중에서 태어남과 죽음은 우리가 선택할 수 없는 영역입니다. 우리가 어찌할 수 없는 태어남과 죽음 사이 삶에 생기를 불어넣는 것은 '산다'라는 부분이 있다는 점입니다. 살아간다는 것은 우리에게 큰 자율성을 부여하며, 삶을 주도적으로 이끌어갈 수 있는 권한을 줍니다. 이 삶을 어떻게 디자인할지는 온전히 개인의 선택에 달려 있으니까요. 물론 주어진 운명이 있을 수 있지만, 그 운명(運命)을 이미 정해진 것으로 바라보는 고정된 사고방식이 아니라, 스스로 움직이고 개척해 나간다는 자기 경영 차원의 주도적인 마음가짐으로 바라볼 수 있습니다.

　사람들은 누구나 자신의 삶에서 각자의 방식으로 최선을 다하며 살아갑니다. 저 역시 제 삶을 돌아보면, 때로는 후회와 아쉬움이 있지만 매 순간 최선의 선택으로 제 삶을 디자인해 왔다고 자부합니다. 저는 10년째 스스로를 '라이프 디자인 아티스트(Life Design Artist)'라고 부릅니다. 자신의 삶을 그리고 만들어 갈 수 있는 사람은 오직 나이며, 저는 그런 작업을 하는 아티스트라고 규정했습니다. 이런 정체성을 갖게 되면서 늘 주도적으로 삶을 살아가려고 노력하게 되었습니다.

최근 한 코치를 '코치 더 코치(상위 코치로부터 코칭 지도를 받는 것으로 일대일 혹은 그룹으로 진행)' 방식으로 슈퍼비전을 하게 되었습니다. 제가 고객 역할을 하던 중, 코치가 저에게 이런 질문을 던졌습니다. "아침에 일어나 나를 움직이게 하는 힘은 무엇인가요?" 그 질문은 저에게 강력하게 와닿았습니다. 한 번도 생각해 보지 못했던 질문이었어요. 잠시 머뭇거리다 "제 삶을 제가 주도적으로 살 수 있다는 거요!"라고 답하는 순간 온몸에 전율이 흘렀습니다.

이 질문 하나로 라이프 디자인 아티스트로서 내가 나의 삶을 주도적으로 살 때 깊은 만족감을 느끼는 사람이구나. 나는 그 가치를 정말 소중히 여기고 있구나'라는 명확한 깨달음에 가슴이 뛰었어요. 코칭을 하면서 자주 듣는 이야기 중 하나가 '나답게 살고 싶다', '자기다움', '나다움' 같은 표현들입니다. 사람들은 자신답게 살고 있을 때 삶에 충만감과 행복을 느낍니다. 저 역시 질문을 통해 그 사실을 다시 한번 깊이 깨닫고 발견하게 됩니다.

이것이 좋은 질문의 힘입니다.

지금 차분히 앉아 스스로에게 질문해 보세요.

나의 삶을 어떻게 디자인하고 싶은가요?, 나는 어떤 삶을 살고 싶은가요?

위의 질문이 막막하다면 '아침에 일어나 나를 움직이게 하는 힘은 무엇인가요?'라는 질문은 어떨까요.

내 안의 이야기

아침에 일어나 나를 움직이게 하는 힘은 무엇인가요?

어떤 날엔 응석받이의 시간을

　어린 시절부터 크레파스와 종이만 있으면 행복해하던 조카의 모습이 아직도 선명합니다. 미술에 대한 그의 애정은 단순한 취미를 넘어, 중학교 때 스스로 '나는 미술을 하겠다'고 선언했을 때부터 삶의 방향이 되었습니다. 많은 어른이 현실적인 조언이라는 이름으로 그의 꿈에 의문을 던질 때도, 그 아이의 눈빛은 흔들림이 없었습니다. 홍대 앞 미술 학원에서 입시를 준비하던 시절에도 비가 오나 눈이 오나, 그 아이는 무거운 화구통을 들고 묵묵히 자신의 길을 걸었습니다. 종종 제가 그의 부모님을 대신해 라이딩을 해줄 때면, 옆좌석에서 들려오는 그날의 수업에 대한 열정 어린 이야기들이 차 안을 가득 채우곤 했어요.

　첫 번째 입시 결과는 가혹했습니다. 하지만 하룻밤을 울고 난 후, 그는 다음 날 아침 새로운 미술 학원을 검색하더군요. 그 후의

1년은 그에게 더욱 치열한 시간이었어요. 실패의 경험은 오히려 그를 더 단단하게 만들었고, 자신의 약점을 정확히 파악하고 보완하는 과정을 통해 그는 전보다 더 깊이 있는 작품들을 만들어가고 있었습니다. 그가 만든 건 단순히 작품이 아니었어요. 그의 꿈이자 주도적인 삶이었습니다. 이후 원서를 넣은 여러 학교 중에서 합격 소식이 하나둘 전해졌을 때, 그의 얼굴에 번진 미소는 그동안의 모든 노력을 증명하는 듯했습니다. 여러 선택지 중에서 신중히 고민한 끝에 조카는 자신의 예술적 비전과 가장 잘 맞는 학교를 선택했습니다. 이제 그는 대학생이 되어 새로운 도전 앞에 서 있습니다.

조카를 지켜보며 저는 자기 주도적 삶의 아름다움을 배웠습니다. 그것은 단순히 성공을 위한 노력이 아니라, 자신이 선택한 길에 대한 책임감과 열정, 그리고 실패 앞에서도 물러서지 않는 용기입니다.

오늘날 우리 사회에는 조카처럼 자신의 삶을 주도적으로 열어가는 청년들이 많습니다. 불확실한 미래와 치열한 경쟁 속에서도, 그들은 자신만의 길을 찾아 묵묵히 걸어갑니다. 때로는 넘어지고 때로는 방향을 바꾸기도 하지만, 중요한 것은 그 모든 선택이 타인이 아닌 자신의 의지에서 비롯되었다는 점입니다.

최근 몇 년간 MZ세대(1980년대 초부터 2000년대 초 출생한 세대) 사이에서 '갓(God)'과 '생(生)'을 조합한 '갓생'이라는 합성어가 크게 유행했습니다. 이 표현은 지금도 여전히 많은 이들의 삶 속에 유효한 개념으로 자리 잡고 있습니다. 갓생은 단순한 유행어를 넘어 성실하고 생산적인 삶을 살며 타인에게 모범이 되는 삶의 방식을 의미합니다. 모든 사람이 이러한 갓 생을 실천하고 있지는 않지만, 많은 이들이 이런 이상적인 삶의 방식을 추구하고 있음은 분명해 보입니다.

청년은 물론 중년을 넘어선 사람들까지 '미라클모닝 챌린지'에 동참하는 사례가 늘고 있습니다. 이들은 유한한 시간을 효율적으로 활용하며 자신만의 목표를 향해 최선을 다하는 사람들입니다. '갓생'이라는 단어가 주는 다소 거창한 이미지와 달리, 실제로는 일상 속 작은 노력의 집합입니다. 학업이나 자기 계발을 위한 공부와 독서, 몸과 마음의 건강을 위한 운동과 명상, 그리고 다양한 취미활동과 문화생활까지 이 모든 것을 자신만의 루틴으로 만들어 삶을 더욱 풍요롭게 가꾸어 갑니다. 저 역시 완벽한 '갓생'까지는 아니더라도, 제 나름의 방식으로 삶을 열정적으로 살아가고자 노력하고 있습니다.

갓생족이 자신의 삶을 철저히 디자인해 나가는 한편에는, '쉬어도 괜찮다'는 '내려놓음'의 삶의 방식도 공존합니다. 오늘 아침 브랜드 뉴스레터 '브랜더쿠'의 메일링 서비스에서 갓생과 대비되는 흥미로운 브랜드 콘셉트를 소개해 눈길을 끌었습니다. 일본의 최대 유제품 기업 '유키지루시 유업'이 커피 판매 60주년을 맞아 선보인 광고는 '일본 전역의 여러분 하나하나를 위로하고, 감싸주고 싶다'

는 메시지와 함께 '응석받이' 콘셉트를 내세웠습니다. 앞만 보고 달려가다 보면 자연스레 쌓이는 피로를 풀기 위해, 에너지를 충전할 수 있는 '응석받이' 시간이 필요하다는 주장입니다. 물론 그 시간을 그들의 커피와 함께하라는 마케팅 메시지이기도 하지만, 광고 기획이 정말 탁월하다는 느낌을 받았습니다. '응석받이' 콘셉트에 100퍼센트 공감이 갔습니다.

너무 열심히 사는 현대인들에게 '내려놓음'의 미학을 일깨워주는 이러한 메시지는 한쪽으로 치우친 삶의 균형을 맞춰주는 듯하여 반가웠습니다. 우리는 때로는 스스로 선택하고, 때로는 타인의 기대에 맞춰 움직이며 끊임없이 앞만 보고 달려갑니다. 매일 자신의 삶에 최선을 다하는 것이 이상적이겠지만, 때로는 잠시 발걸음을 멈추고 자신을 성찰하며 에너지를 충전하는 시간도 필요합니다. 우리 각자에게 주어진 에너지의 총량은 분명히 존재하며, 이 에너지가 완전히 소진되지 않도록 관리할 수 있는 사람은 오직 '나' 자신뿐입니다. 이것이 바로 우리 모두에게 자기 관리가 필수적인 이유입니다.

갓생의 삶과 내려놓음의 삶은 반드시 둘 중 하나만 선택해야 하는 양자택일의 문제가 아닙니다. 중요한 것은 한쪽으로 치우치지 않도록 스스로 그 균형점을 찾아 자신의 삶에 도움이 되는 방식으로 조화롭게 가져가는 것이 중요해요. 그동안 목표를 향해 열심히 달려왔나요? 무언가를 위해 최선을 다하고 있나요? 그렇다면 잠시 발걸음을 멈추고, 지금 나에게 '응석받이' 시간이 필요하지는 않은지, 현재 나의 에너지 상태는 어떤지 살펴보세요.

때로는 쉬어가는 것도 충분히 가치 있는 일입니다. 아무것도 하지 않아도 여전히 당신은 소중한 나입니다. 오늘 하루, 자신에게 응석받이의 시간을 허락해 보는 것은 어떨까요?

 내 안의 이야기

당신은 갓생과 내려놓음 어디쯤에 있나요?

나를
관통하는 힘,
진정성

한 달에 한 번, 마지막 주 토요일마다 '더 넥스트'라는 주제로 연관된 책을 여러 코치와 함께 읽은 적이 있습니다. ICF 코리아챕터에서 코치들의 역량 강화 및 네트워킹을 목적으로 2024년 하반기 사업으로 기획한 SIG(Special Interest Group)의 독서 모임에 지원했고, 다행히 선정되어 그룹장으로 활동했습니다. 그룹장으로서 '더 넥스트'라는 주제를 정하면서, 참여자 각자의 미래에 실질적인 도움이 될 만한 책들을 선별하는 데 많이 고민했던 기억이 있습니다. 제가 먼저 읽고 큰 통찰을 얻었던 책 중 엄선한 다섯 권의 책으로는 김호 작가의 『왓 두유 원트?』, 이항심 교수의 『시그니처』, 호소다 다카히로의 『컨셉 수업』, 로라 후앙의 『엣지』, 그리고 조엔 리프먼의 『더 넥스트』였습니다.

호소다 다카히로의 『컨셉 수업』을 읽고 나눌 때는 서촌의 편안하고 감성 가득한 공간 '북 살롱 텍스트 북'에서 만나 이야기꽃을 피웠습니다. 그룹장으로서 책을 읽고 간단한 활동을 통해 각자의 '콘셉트'를 정립하는 데 도움을 주고 싶어, '내가 생각하는 나와 타인이 보는 나'를 살펴보는 시간을 마련했습니다. 이를 위해 사람의 특성을 나타내는 14가지 카테고리에 각각 4~5개의 연결 키워드를 준비했습니다. 예를 들어 '진실한'이라는 카테고리에는 '정직한, 솔직한, 진정성 있는, 겸손한, 예의 바른, 일관성 있는'이라는 키워드들이 포함되어 있습니다. 총 14개 카테고리, 약 70개의 키워드 중에서 자신을 가장 잘 표현하는 다섯 가지를 선택하는 과정에서, 은근히 선택과 결정에 어려움을 겪게 됩니다. 한 사람의 복잡한 성격을 단 다섯 가지로 압축해 표현한다는 것이 어찌 보면 무모한 도전처럼 느껴지기도 합니다. 모두 긍정적인 단어들로 구성되어 있기에, 실제 나의 모습보다는 내가 지향하는 단어들에 눈이 가는 재미도 있습니다.

이런 과정을 거쳐 저 자신을 대표하는 소중한 키워드 다섯 개를 선별했습니다. 만남에서 받은 첫인상을 바탕으로 한 초두 효과(Primacy effect)를 적용하여 현재 상태에서 느낀 저에 대한 키워드를 요청했습니다. 다섯 명이 참여한 모임에서 저를 제외한 네 명에게 각 두 개씩, 총 여덟 개의 키워드를 받았습니다. 저는 '지혜로운, 매너 좋은, 도전적인, 꾸준한, 진정성 있는(두 명이 선택), 정직한, 분석적인'이라는 키워드들을 받았습니다. 그룹장으로서 참여자 대부분을 잘 알고 있다고 생각했음에도, 예상치 못한 키워드들을 받아 새로운 발견의 순간이었습니다.

제가 스스로 선택한 다섯 개의 키워드와 타인이 준 여덟 개의 키워드 사이에서 교집합은 각자 한두 개 정도 있었습니다. 특히 '진정성 있는'이라는 키워드는 제가 스스로 선택했고, 두 명의 코치도 같은 키워드를 선택해 세 번이나 반복된 셈입니다. 또 다른 코치의 경우 '재치 있는'과 '유연한'이라는 특성이 공통으로 나타났습니다. 이 활동을 통해 참여자 모두가 의미 있는 인사이트를 얻었습니다. 자신이 보는 나와 타인이 보는 나 사이에 차이점도 있지만, 그 속에서 일관되게 나타나는 키워드가 최소 한 개 이상은 발견되었는데 아마도 이것이 우리 각자의 진정한 콘셉트가 아닐지 생각합니다.

『컨셉 수업』에 따르면, 콘셉트는 전체를 관통하는 일관된 새로운 관점입니다. 자신의 전체 모습을 살펴보며 그 안에서 일관성을 발견하고, 이를 통해 새로운 관점을 창출해낼 수 있습니다. 짧은 활동이었지만, 모두가 자신의 콘셉트를 잡는 실마리를 찾아 즐거워했습니다. 중요한 점은 콘셉트란 타인을 단순히 모방해서 나타날 수 있는 것이 아니라는 사실입니다.

이 책을 읽으며 떠오른 경험이 있었습니다. '모닝 페이지'라는 창조적 활동이 있습니다. 한때 모닝 페이지를 함께 쓰던 모임에서

한 분의 스타일을 따라 해보려 했던 적이 있습니다. 제가 일기 형태로 글을 쓰는 반면, 그분은 인사이트를 나누는 형식으로 작성하고 있었죠. 그 방식을 따라 하다가 더 이상 모닝 페이지를 지속하기 힘들어졌던 적이 있습니다. 이러한 과정을 통해 다른 사람에게 효과적인 방법이 나에게도 반드시 적합한 것은 아니라는 사실을 깨달습니다. 이후 저는 저만의 방식으로 모닝 페이지를 쓰기 시작했습니다. 역시나 제 방식이 저에게는 훨씬 더 편안하게 느껴졌습니다. 이 과정에서 제 글쓰기 스타일도 발견하게 되었고요. 제 경우에는 글을 통해 생각이 충분히 쌓일 때 '아하!' 하는 순간이 찾아온다는 식이었습니다.

전체를 관통하는 일관성을 찾아내어 내 방식대로 사는 것, 그것이 진정한 나만의 고유한 컨셉일 것입니다. 글쓰기 방식뿐 아니라 삶과 일의 방식에서도 나만의 콘셉트를 찾아볼 필요가 있습니다. 자신에게 맞는 방식을 찾았을 때 느꼈던 편안함처럼 삶과 일에서도 편안함을 유지할 수 있는 나만의 콘셉트, 키워드를 찾아가려는 노력이 필요한 때입니다.

🔑 내 안의 이야기

나를 표현하는 키워드 다섯 개는 무엇인가요?
그 키워드를 중심으로 나만의 콘셉트를 정의해 보는 건 어떨까요?

레몬수 한 잔과
작은
의식의 힘

해마다 북극성 같은 단 하나의 키워드를 선택해 나침반 삼아 나아가는 일이, 어느덧 제 삶의 의미 있는 의식이 되었습니다. '모멘텀(Momentum)'. 2025년의 키워드로 정했습니다.

물리학에서 유래한 이 단어는 '운동량, 추진력'을 의미합니다. 일상에서는 '지속적인 추진력, 앞으로 나아가는 동력, 활력'이라는 의미로 확장되죠. 저는 올해, 앞으로 나아가도록 만드는 에너지와 동력이 필요한 시기입니다. 불안한 사회, 밝지 않은 경제 전망 속에서도 내면의 힘을 키우고 싶었거든요. 문득 시몬스 침대의 광고 카피가 떠오릅니다. '흔들리지 않는 편안함'. 제가 원하는 것은 어떤 상황에서도 중심을 잃지 않는 단단함입니다.

얼마 전 코치 동료들과 레고를 활용한 미니 워크숍에 참여했습니다. '2025년의 목표는 무엇인가?'라는 질문에 각자 레고로 표현한 뒤, 모두의 작품을 하나로 연결하는 작업이었습니다. 개인의 목표가 공동의 비전으로 변모하는 과정에서 우리는 목표 달성에 필요한 요소들을 나누었습니다. '에너지, 동력, 성찰, 피드백…'

워크숍 다음 날 아침, 모닝 페이지를 쓰며 문득 의문이 들었습니다. '에너지와 동력의 차이가 뭐지?' 에너지가 있는데도 동력이 생기지 않는 때가 있었기 때문입니다. 생각해 보면 에너지는 원천적인 가능성, 즉 열정, 의지, 신체적·정신적 힘과 같은 잠재적 자원이죠. 반면 동력은 그 에너지가 특정 방향으로 변환되어 실제 행동을 일으키는 힘입니다.

에너지만으로는 충분하지 않습니다. 그것이 동력으로 전환되기 위해서는 방향성, 강력한 목적, 그리고 효율적인 계획이 필요하죠. 에너지가 있어도 동력이 생기지 않는다면, 그것은 구체적인 매개체가 부족하다는 신호일 수 있습니다. 그렇다면 모멘텀은 무엇일까요? 에너지가 동력으로 전환된 후, 이를 지속시키고 가속하는 힘이 바로 모멘텀입니다. 일단 시작된 행동이 계속 움직이도록 만드는 추진력, 그것이 모멘텀의 본질입니다.

에너지를 동력으로, 그리고 모멘텀으로 전환하는 가장 효과적인 방법에 대해 생각해 보게 됩니다. 답은 의외로 단순합니다. 작은 행동부터 시작하는 것! 거대한 목표는 때로 첫걸음 자체를 어렵게 만듭니다. 작은 첫걸음이야말로 에너지를 동력으로 전환하는 출발점이죠.

저의 경우, 매일 아침 눈 뜨자마자 온몸을 내 손으로 쓸어내리며 잠들었던 몸을 깨우곤 합니다. 하루 5분에서 10분, 팔과 다리, 몸통을 양손으로 쓰다듬으며 하루의 에너지를 채우는 시간입니다. 그리고 레몬수 한 잔으로 아침을 시작합니다. 산성화된 몸을 알칼리로 균형 잡는 작은 의식입니다. 이렇게 작고 사소한 일상의 실천들이 모여 모멘텀을 만들어갑니다. 한 번의 작은 실천이 다음 행동으로 이어지고, 그것이 또 다음 행동의 에너지가 됩니다. 눈덩이가 굴러가며 점점 커지듯, 작은 실천의 힘은 시간이 지날수록 강해지곤 하죠.

저는 개인적으로 2025년은 큰 목표를 세우지 않았습니다. 대신 작은 실천을 통해 모멘텀을 만들어가는 데 집중하려 합니다. 에너지를 느끼고, 그것을 동력으로 전환하며, 작은 성취를 통해 모멘텀을 형성하고 싶습니다. 2025년 12월 31일, 한 해의 마지막 날에 활짝 웃을 수 있기를. 한 해가 희망찬 마무리로 변모하기를 바랍니다.

꼭 기억하세요. 모멘텀의 마법은 작은 시작에 있습니다.

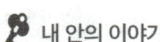
내 안의 이야기

나만의 '작은 의식'은 무엇인가요?
지금 이 순간부터 실천의 첫걸음을 내딛는 건 어떨까요?

나는 지금
잘 가고
있나요?

살면서 흔들리지 않는 사람이 어디 있을까요? 도종환 시인의 〈흔들리며 피는 꽃〉처럼 세상의 아름다운 꽃들은 모두 바람에 흔들리고 비를 맞으면서도 꿋꿋이 줄기를 세우고 결국 아름다운 꽃을 피워냅니다. 우리 인간도 마찬가지입니다. 삶의 온갖 풍파 속에서 자신의 내공을 다지며 앞으로 나가는 존재이지요. 애초에 삶의 목적은 흔들리지 않는 것이 아닙니다. 흔들림 속에서도 편안함을 찾아가는 과정이 바로 인생이라는 여정입니다. '불혹(不惑)'의 나이를 넘어 오십에 천명을 알았다는 '지천명(知天命)'을 지나면서 비로소 깨닫습니다. 진정한 평안은 흔들림이 없는 곳이 아니라, 그 흔들림 한가운데서 찾아온다는 것을.

얼마 전의 일입니다. 웬만한 상황에는 심리적 동요를 느끼지 않는 편인데도, 한동안 마주하지 않았던 진한 답답함을 느끼는 상황이 찾아왔습니다. 문득 내면에서 방향을 잃고 우왕좌왕하는 저 자신을 발견하는 순간이었습니다. 저에게는 한 달에 1~2회 정도 모여 3시간 정도 깊은 수다를 통해 함께 성장하는 수다 모임이 있습니다. 멘토 코칭을 했던 세 명의 코치가 PCC(국제코칭연맹의 전문 코치) 자격을 취득한 것을 축하하는 자리를 마련했습니다. 모처럼 즐거운 수다를 떨며 힐링도 되고, 취향과 지향점이 비슷함을 느꼈습니다. 말 그대로 혼자보다는 함께 하니 아이디어도 풍성하고 즐거웠습니다. 느슨한 연대 속에서 좋은 사람들과 즐겁게 학습하던 관계에 좀 더 실질적인 프로젝트들이 들어오며 현실적인 문제들을 마주하게 되었습니다. 의사소통과 의사결정의 과정에서 의도하지 않아도 소외감을 느끼게 되는 경우가 있습니다. 좋은 관계 속에서 발생하는 이런 감정들은 마음속에 구름처럼 피어올라, 점차 시야를 가리게 됩니다. 솔직하게 표현하고 함께 답을 찾아가야 한다고 생각했던 저는 제 마음을 나누는 과정에서 오히려 더 답답함을 느꼈습니다. 처음에는 무엇 때문에 제가 불편함을 느끼는지 저조차도 명확하게 인지하지 못했습니다. 서너 번의 대화를 통해서도 해결의 기미가 보이지 않자, 저는 그 불편함을 외롭게 두지 않기로 했습니다. 제 특징 중 하나는 불편함을 외면하지 않는다는 것입니다. 온전히 그 불편함을 묵묵히 바라보며 허용하고 포용하려 합니다. 어린 시절 학교에서 보물찾기를 하면 그 보물은 늘 찾기 어렵고 눈에 띄지 않는 곳에 숨겨져 있습니다. 잘 살펴보고 바라보고 관찰할 때 우리는 보물을 손에 얻을 수 있습니다. 불편함은 내 안에 보물이 있다고 알려주는 신호입니다. 그 불편함을 잘 걷어내면 그 안에 보물이 숨겨져 있다고 믿습니다.

"지금 잘 가고 있는 거니?"

불편함이 올라오거나 혼란스러울 때, 제가 스스로 던지는 질문입니다. 이 모임을 통해서 얻고 싶은 것은 무엇일까? 어떻게 하면 잘 갈 수 있을까? 저는 제 존재의 마음을 알아주고 싶었고, 셀프 대화를 시작했습니다. 우리가 비바람에 흔들리는 이유를 안다고 생각하지만, 사실은 잘 모를 때가 있습니다. 표면적인 이유를 걷어내야 진짜 이유가 나옵니다. 코칭에서도 코칭 대화의 주제와 목표를 잡는 것이 정말 중요합니다. 합의한 주제와 목표에서 벗어난 듯한 느낌이 들며 코칭이 한참 진행되었음에도 뭔가 답답함이 느껴질 때가 있습니다. 그럴 때는 언제든지 "우리가 잘 가고 있는 건가요?"라는 질문으로 환기해, 정말 원하는 길로 들어설 수 있도록 도와야 합니다.

이 과정을 통해 저는 제가 진정으로 원하는 것이 무엇인지 명확히 알게 되었습니다. 발단이 된 상황 자체는 크게 중요한 문제가 아니었습니다. 함께하는 코치들 역시 최선을 다해 저의 입장을 이해하고 배려하려 노력했기에, 제가 불편함을 표현할 때마다 그들의 표정에서 읽히는 당혹감과 답답함도 느낄 수 있었습니다. 코칭으로 말하면 주제 합의와 코칭 세션의 목표 설정이 명확하지 않았던 것입니다. 무엇 때문에 불편한 것인지 주제를 충분히 탐색해야 했음에도 서로 겉도는 대화만 하고 있었습니다. 불편함이 있는 사람의 마음을 충분히 헤아려주고 기다려주는 것의 힘이 얼마나 중요한지 깨달았습니다.

때로는 위급한 상황처럼 즉각적인 해결을 요구하는 사안이 있는 것이 사실입니다. 그러나 우리 삶의 대부분 문제는 표면적 사건 자체가 아닌, 그 사건을 둘러싼 우리의 생각, 감정, 그리고 깊은 갈망이라는 마음의 영역에서 비롯됩니다. 이 마음을 충분히 있는 그대로 풀어낼 때, 우리가 원하는 것은 수면 위로 자연스럽게 떠 오르고, 편안함이 찾아옵니다. 있는 그대로의 존재를 인정하고 존중하는 자기 수용의 지혜가 필요한 때입니다.

우리는 때로 분주히 앞으로 나아가고 있음에도, 과연 올바른 방향으로 가고 있는지에 대한 의구심에 사로잡힙니다. 빛이 보이지 않고 내면이 온통 짙은 구름으로 뒤덮인 그런 순간에는, 그 구름을 서둘러 밀어내려 하기보다 차분히 바라보고 따뜻하게 품어줄 필요가 있습니다.

그렇게 할 때 구름은 자연스럽게 걷히고, 그 너머의 빛이 다시 우리를 비추게 됩니다. 진정한 편안함은 바로 이 과정에서 피어납니다. 구름이 언젠가는 반드시 걷힐 것이라는 근원적 믿음이 우리 안에 살아있을 때, 우리는 어떤 혼란 속에서도 자신의 중심을 잃지 않을 수 있습니다.

 내 안의 이야기

당신은 지금 잘 가고 있나요?

나는 지금
어느 길목에
서 있나요?

우리의 삶은 무수한 선택의 순간들로 이루어진 여정입니다. 그 선택은 각각 다른 무게와 불확실성을 품고 있으며, 때로는 후회와 아쉬움을 동반하기도 합니다. 두 갈래 길 앞에 서 있을 때, 많은 이들이 로버트 프로스트의 시 〈가지 않은 길(The Road Not Taken)〉을 떠올립니다. 저 역시 중요한 결정의 순간이나 선택에 대한 미련이 남을 때면 이 시구가 마음속에 자연스레 울려 퍼집니다.

최근 제 여정에 새로운 통찰을 가져다준 책이 있습니다. 마릴리 애덤스의 『삶을 변화시키는 질문의 기술』에서 소개하는 '초이스 맵(Choice Map)'은 우리가 어떤 길 위에 서 있는지를 명확히 볼 수 있게 해주었습니다. 이 개념은 우리가 직면하는 상황에서 취할 수 있는 두 가지 사고방식을 설명합니다. 첫 번째는 '심판자의 길(Judger Mindset)'로 이는 비판과 판단에 기반한 사고방식입니다. 반면 '학습자의 길(Learner Mindset)'은 호기심과 성장에 기반한 사고방식입니다.

우리는 매 순간 무의식적으로 이 두 길 사이를 오가며 선택합니다. 그런데 중요한 것은 이미 한 선택에서 후회나 의문이 생겼다고 해서 원점으로 돌아가는 것이 현명한 것은 아니라는 점입니다. 오히려 지금 서 있는 그 길 위에서 우리가 어떤 질문을 스스로 던지느냐에 따라 사고방식이 변화하고, 그에 따라 행동과 결과도 달라질 수 있습니다. 심판자의 길에서 학습자의 길로 전환하는 것은 단순히 긍정적으로 생각하는 것이 아니라, 의식적으로 더 나은 질문을 선택하는 것에서 시작됩니다.

큰 조직에서 마지막 직책이었던 동작구어르신행복주식회사 대표를 끝으로, 1인 기업가로서 코칭 비즈니스를 시작한 지 3년이 지났습니다. 많은 직장인이 꿈꾸는 '나 혼자' 일하는 자유로움은 충분히 만끽했지만, 동시에 스스로 시간과 업무를 체계적으로 관리해야 한다는 새로운 도전도 마주하게 되었습니다. 코칭 필드에서는 파트너 형태로 일하는 경우가 많습니다. 속담에 '백지장도 맞들면 낫다'는 말이 있듯이, 1인 기업가 혹은 프리랜서로 활동하면서 때로는 파트너 형태로 함께합니다. 함께 한다는 것은 의사결정을 할 때 신경 써야 할 것들이 많다는 것을 의미합니다. 내가 원하는 방향으로만 흘러가지 않을 때를 마주하게 되면 '이것이 과연 올바른 결정이었을까?'라는 현실적 고민을 하게 됩니다.

이런 상황에서 자신에게 '내가 선택해 놓고 왜 이런 고민을 하지?'라고 질책할 필요는 없습니다. 아무리 주체적인 결정이었다 하더라도, 선택에 대한 고민과 의문은 자연스러운 것입니다. 이러한 감정을 외면하거나 억누르려 하면, 수면 아래로 잠시 가라앉을 뿐입니다. 중요한 것은 현재 제 마음 상태와 욕구를 명확히 이해하고, 이 상황을 회피하기보다는 지혜롭게 다루는 것입니다.

이럴 때 가장 유용한 접근법은 자신에게 "나는 지금 어디에 서 있는가?"라는 질문을 던지는 것입니다. 앞에서 언급한 마릴리 애덤스의 『삶을 변화시키는 질문의 기술』에서 소개하듯이, 우리는 끊임없이 '학습자의 길'과 '심판자의 길' 사이에서 선택합니다. 하나의 큰 결정을 내린 후에도, 그 길 위에서 계속해서 이 두 가지 사고방식 사이를 오가며 작은 선택을 반복합니다.

마음이 불편하거나 어려움을 느낄 때, 저는 대개 '심판자의 길'에 서 있음을 깨닫습니다. 이 길에서는 자신을 비난하거나("내가 뭘 잘못했을까?"), 타인을 판단하거나("저들은 왜 저럴까?"), 상황을 부정적으로 해석하는("어디서부터 꼬인 거지?") 질문들이 끊임없이 이어집니다. 이런 질문들은 마치 미로처럼 우리를 심판자의 길에 가두어 둡니다. 그러나 이 순간 의식적으로 "내가 지금 어디에 서 있는 거지?"라고 자문한다면, 우리는 '전환의 오솔길(Switching Lane)'에 들어서게 됩니다. 이 질문 하나가 우리를 '학습자의 길'로 인도하는 첫 발걸음이 됩니다.

학습자의 길에 들어서면, 같은 상황도 전혀 다른 관점에서 바라볼 수 있게 됩니다. "무슨 일이 일어난 거지?", "나는 진정으로 무엇을 원하는가?", "이 상황에서 배울 점은 무엇인가?", "다른 사람들은 무엇을 필요로 하고 원하는가?", "내가 책임질 부분은 무엇인가?", "어떤 가능성이 있을까?", "최선의 방법은 무엇일까?" 등의 질문이 떠오릅니다.

　저 역시 이러한 질문의 전환을 통해 제가 진정으로 원하는 것을 명확히 볼 수 있었습니다. 함께하고자 했던 처음의 마음으로 돌아가, 어떻게 하면 혼자보다는 함께 힘을 모아 시너지를 창출하고 코칭 비즈니스를 통해 상호 성장할 수 있을지에 집중하게 되었습니다.

　우리는 언제든 부정적 사고의 진흙탕에 빠질 수 있습니다. 그러나 동시에 새로운 발견과 가능성이 기다리는 화창한 길 위에 설 기회도 항상 존재합니다. '심판자의 길'에 서 있는 것이 무조건 나쁜 것은 아닙니다. 때로는 비판적 사고도 필요합니다. 중요한 것은 자신이 지금 어떤 사고방식 안에 있는지를 알아차리는 메타인지의 능력입니다.

　우리에게는 언제나 '전환의 오솔길'이 열려있습니다. "내가 지금 어디에 서 있지?"와 "내가 정말 원하는 것이 무엇인가?"라는 간단한 질문이 저를 학습자의 길로 이끌었습니다. 자신을 관찰하고 질문을 던지는 것만으로도, 우리는 오솔길을 지나 다시 학습자의 길로 들어설 수 있습니다.

　진정한 선택의 자유는 자신의 사고 패턴을 인식하고 의식적으로 방향을 전환할 수 있을 때 시작됩니다. 그러니 두려워하지 말고, 가슴에 하나의 질문을 품고 살아갑시다. 대부분 사람은 분주한 일상에서 이런 질문을 할 여유조차 없이 살아갑니다. 자신에게 질문을 선물하세요. 그것만으로도 삶의 수많은 흔들림 속에서 편안함을 찾을 수 있습니다.

　문제를 푸는 최선의 방법은 더 나은 질문에서 시작됩니다. 답을 찾으려 애쓰기보다, 질문을 통해 사고의 전환을 이끌어 보세요. 우리의 사고는 끊임없는 질문과 답변의 과정으로 이루어집니다. 좋은 질문이 좋은 답을 끌어내고, 결국 우리의 사고도 더 건강해질 수 있다고 믿습니다.

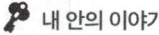 내 안의 이야기

당신은 심판자입니까? 학습자입니까?

결국
우린 다
잘 될 거야

　인생이라는 건 결국 내가 나를 어떻게 다루느냐의 문제입니다. 밖에서 무슨 일이 일어나든, 누가 뭐라고 하든, 그 상황 속에서 내가 나를 어떻게 이끌어가느냐가 중요하다는 생각이 듭니다. 매일 아침 거울을 보며 나 자신과 나누는 대화, 힘든 일이 있을 때 마음을 달래는 나만의 방법 그리고 작은 성공 앞에서 어떤 태도를 보이는지 등 이런 소소한 순간들이 모여 결국 내 삶의 방향을 만들어가는 것이 아닐까요.

　어려서부터 저는 "내 삶은 결국 잘 될 것이다"라는 확신이 있었습니다. 이는 막연한 낙관주의가 아니라, 저 자신을 이끄는 내면의 나침반과 같았습니다. 항상 원하는 대로 풀렸던 것은 아니지만, 언제나 내가 가야 할 곳, 서 있어야 할 곳에 갈 수 있도록 나에게만 보이는 빛이 있다고 믿었습니다. 그 믿음에 보답하듯 그 빛은 저를 최선으로 이끌어주었습니다. 이렇게 자신을 다독이며 감정과 생각을 의식적으로 이끌던 순간이 셀프 리더십의 시작이었습니다. 이후 인생의 중요한 갈림길에서 '결국 다 잘 될 거야'라는 문장을 떠올리곤 합니다. 단순한 긍정을 넘어, 이 주문은 삶의 주도권이 나 자신에게 있음을 일깨우는 강력한 주문이 되었습니다.

제가 자란 시절은 가정과 학교에서 체벌이 일상이었던 때였습니다. 엄격한 아버지 밑에서 자라며 꾸중과 훈육은 성장 과정의 일부였고, 때로는 마음에 상처로 남기도 했습니다. 그러다 어느 날, 우연히 동생을 혼낸 후에 안방에서 홀로 눈물을 흘리는 아버지의 뒷모습을 보게 되었습니다. 그 순간 깨달았습니다. 우리를 꾸짖는 것이 아버지에게도 쉬운 일이 아니라는 것을요. 이 경험은 제게 중요한 것을 깨닫게 했습니다. 타인의 행동 뒤에 있는 의도와 감정을 이해하는 것입니다. 이런 어린 시절의 경험들은 제 내면에 '싫은 소리 듣기 전에 알아서 잘하자'라는 자기주도적 태도를 심어주었습니다. 동시에 혼나고도 다시 일어서는 제 자신의 모습에서 '오뚝이'가 떠올랐습니다.

오뚝이의 사전적 정의는 '밑을 무겁게 하여 아무렇게나 굴려도 오뚝오뚝 일어서는 어린아이들의 장난감'입니다. 이처럼 어떤 방향으로 넘어뜨려도 다시 일어서는 오뚝이의 비결은 무게 중심이 아래에 있기 때문입니다. 인생에서도 마찬가지입니다. 자신의 핵심 가치와 목표를 명확히 하고, 그것을 흔들리지 않는 무게 중심으로 삼을 때 우리는 어떤 역경 속에서도 다시 일어설 수 있습니다. 이는 심리학에서 말하는 '회복 탄력성(Resilience)'으로 표현할 수 있습니다. 회복 탄력성은 스트레스나 실패, 역경 속에서도 다시 일어나 정상적인 상태로 돌아오는 능력을 의미합니다. 단순히 어려움을 버티는 것이 아니라 그 경험을 통해 배우고 성장하는 힘이기도 해요. 회복 탄력성이 높으면 실패에 대한 두려움이 덜할 수 있겠지요. 어떤 일을 시작하기에 앞서 이 일을 해낼 수 있을까, 실패하면 어떻게 하느냐 하는 마음이 우리의 발목을 잡는 경우가 정말 많습니다. '나는 잘 될 거야'라는 믿음과 어린 시절 부모님의 교육 환경 속에서 자란 '오뚝이 정신'이 지금의 마인드셋을 만들었습니다.

50%의 물이 든 컵을 볼 때, 어떤 사람은 '물이 반밖에 없네'라고 하고, 다른 사람은 '물이 반이나 차 있네'라고 말합니다. 어떤 시선으로 물컵을 보고 있나요? 저는 '반이나 차 있네'라고 생각하는 사람입니다. 같은 현실 속에서도 가능성과 기회에 초점을 맞추려고 노력합니다. 최근 걸 그룹 아이브의 장원영이 보여준 '원영적 사고'도 좋은 예입니다. 빵집에서 자신이 원하던 빵이 눈앞에서 소진되자, 그는 '새로운 빵을 먹게 되었네. 럭키비키잖아'라고 반응했습니다. 이것은 단순한 긍정적 사고가 아니라, 상황에 대한 자신의 해

석과 반응을 적극적으로 선택하는 셀프 리더십의 모습입니다. 이런 마인드셋의 힘은 누구에게 가장 크게 작용할까요? 바로 자기 자신입니다. 자신을 어떻게 이끌어나가느냐에 따라 같은 상황에서도 전혀 다른 경험과 결과를 만들어 낼 수 있죠. 그리고 그런 자기 리더십은 주변에도 긍정 영향을 미쳐 사람들이 행복해지는데 기여할 수 있겠지요.

친한 친구들 사이에서 저는 종종 자기합리화의 여왕이라고 불립니다. 이 별명은 제가 어떤 상황에서도 긍정적인 의미를 찾아내는 습관 때문에 붙여진 것입니다. 참 좋아하는 이 말은 단순한 합리화가 아닌, 적극적인 의미 부여의 과정으로 봅니다. 이미 벌어진 일에 대해 후회하며 에너지를 소진하기보다, 그 경험에서 배울 점을 찾고 행복감을 느끼며 앞으로 나아갈 방향을 설정하는 것이야말로 진정한 셀프 리더십입니다. 그래서 제가 코칭을 하면서도 긍정심리 기반의 코칭과 강점 개발 도구들을 선호하는가 봅니다.

우리는 인생에서 단번에 성공하는 경우는 드뭅니다. 대부분의 위대한 성공들은 수많은 시도와 실패, 그리고 그 과정에서 학습이 쌓여 이루어진 결과물입니다. 중요한 것은 실패를 어떻게 바라보고 다루느냐입니다. 실패를 개인적 좌절로 여기는 사람은 그 경험에 압도되어 전진하지 못합니다. 반면, 실패를 배움의 기회로 바라보고 성장의 자양분으로 활용하는 사람은 그 과정에서 더욱 강해집니다. 단번에 성공하는 경우도 분명히 있지만, 수많은 위대한 성공들은 수십 번에서 수천 번의 실패와 작은 성공을 반복하며 이뤄낸 결과물입니다. 실패 앞에서 주저앉기보다 그것을 디딤돌 삼아 더 단단해질 수 있습니다. 한 번도 넘어지지 않고 살아가는 사람은 없습니다. 실패를 두려워하지 않고 도전하며, 넘어져도 다시 일어나 앞으로 나아가는 힘. 이것이 바로 오뚝이 정신의 핵심이자, 진정한 셀프 리더십의 모습입니다.

다행히 이런 셀프 리더십과 회복 탄력성은 개발하고 키울 수 있는 능력입니다. 자기 생각과 감정, 행동을 의식적으로 관찰하고 이끌어나가는 습관을 통해 누구나 자신만의 리더십을 확립할 수 있습니다.

여러분의 내면에도 작은 오뚝이가 있습니다. 그 오뚝이에서 명확한 가치, 확고한 목표, 자기 책임이라는 충분한 무게를 실어주세요. 그러면 어떤 역경 속에서도 중심을 잃지 않고 다시 일어서는 리더십을 발휘할 수 있을 것입니다. 타인에게 영향력을 행사하는 외적 리더십도 중요하지만, 자신을 먼저 올바르게 이끌 수 있는 내적 리더십이야말로 모든 성공과 행복의 출발점입니다. 결국 가장 중요한 것은 누가 당신을 이끄는가가 아니라, 당신이 어떻게 자신을 이끄는가이니까요.

모든 일에는
때가
있다는 말

성경 전도서 3장 1절부터 8절에 '범사에 기한이 있고, 천하만사가 다 때가 있나니'라는 구절이 있습니다. 신앙인이 아니더라도 누구나 한 번쯤은 '세상만사 다 때가 있다'는 말을 들어보거나 사용해 본 적이 있을 정도로, 이 문구는 우리 일상에 깊이 스며든 지혜입니다.

어릴 적에는 단순한 위로의 말로만 들렸던 이 구절이 세월이 쌓일수록 더 깊은 의미로 다가옵니다. 삶의 모든 일에는 적절한 시기가 있으며, 인간의 힘으로 모든 것을 통제하려 하기보다 자연의 흐름을 인정하고 받아들이는 겸손함이 필요하다는 가르침입니다.

지금까지 살면서 중요한 결정을 내리고 선택하는 과정에서 가장 소중한 순간들은 제가 필사적으로 통제하려 했던 때가 아니라, 때를 기다리고 흐름에 맡겼을 때 찾아왔습니다. 일이 자연스럽게 풀리는 경험을 할 때마다, 이 오래된 지혜의 의미가 가슴 깊이 와닿습니다. 그래서 이 말은 단순한 격언을 넘어 제 삶의 소중한 가치관 중 하나가 되었습니다.

    최근 건국대학교 산업경영융합학부의 벤처경영공학 전공으로 박사 과정을 시작했습니다. 평생 학습의 시대에 공부하기에 늦은 나이는 없다고 하지만, 60세를 몇 해 앞두고 하는 박사 과정 도전에 기대와 걱정이 함께 몰려옵니다. 어떤 사람들은 지금 무슨 박사 과정이냐며 반문할 수도 있습니다. 사실 저희 어머니도 박사 과정에 대해 한걱정을 합니다. 돌이켜보면 제가 박사 과정에 등록한 것이 이번이 처음은 아닙니다. 호주 유학 시절 대학원 석사를 마무리하고 바로 박사 과정에 들어갔습니다. 하지만 정치권에서 일하게 되면서 일과 삶에 바빠 점점 잊혔습니다. 석사 과정을 두 차례나 했음에도 박사에 대한 미련은 없었는데 이제서야 다시 박사 과정을 시작했으니 '모든 것이 다 때가 있구나'라는 말을 실감하게 됩니다.

    비단 이번 사례만이 아닙니다. 제가 대학 졸업 후 첫 취업을 한 경우나, 호주로 유학하게 된 일이나, 박사 과정에 들어가 정당 생활을 하게 된 일, 봉하마을까지 대통령 내외를 따라 내려간 일, 봉하마을에서 서울 사람사는세상 노무현재단으로 올라오게 된 일, 재단을 그만두고 동작구어르신행복주식회사의 기관장이 된 일, 코칭을 배우게 된 일 등 크고 작은 일들이 다 제가 억지로 진행하려고 하기보다는 큰 흐름 속에서 때가 오기를 숙성하는 과정에서 발생했습니다. 그렇습니다. 모든 것에 때가 있지만, 그때가 오기를 바라는 마음만으로는 그때는 스쳐 지나가는 바람일 뿐입니다.

　제가 말하는 '때가 있다'는 말에는 여러 가지 의미가 내포되어 있습니다. 때는 미리 선포하고 오지 않습니다. 언제고 예고 없이 오는 것이 때입니다. 준비가 되어 있지 않았다면 그때를 기회로 받아들이지 못했을 수도 있습니다. 대학 시절 꾸준하게 영어 공부를 하고 있지 않았다면 조교가 영어가 필요한 무역회사에 취업 기회가 있다고 제안했어도 도전하지 못했을 겁니다. 막연한 가능성이나 특별한 것이 아닌 보통의 일들도 최선을 다해서 꾸준하게 하는 노력이 쌓이면 '축적의 힘'을 발휘하게 됩니다. 그러고는 내가 하고 있는 일들을 주변에 널리 널리 알려야 합니다. 그래야 주변에서 때를 알려줄 수도 있거든요. 무엇이든 꾸준하게 하세요. 지금은 아무 관련이 없어 보이는 일일지라도 우선 하는 것이 중요합니다. 삶의 미션과 비전이 생긴다면 그것에 필요한 일들을 하면 좀 더 효과적일 수 있겠지만, 당장은 괜찮습니다. 일단 뭐든 하는 것이 중요합니다. 준비하고 있는 사람만이 그 기회를 볼 수 있는 눈이 생깁니다. 준비된 사람은 그것이 나의 때임을 알아봅니다.

　그렇다고 모든 준비를 완벽하게 끝내야 하는 것은 아닙니다. 구글 CEO였던 에릭 슈밋이 메타의 COO로 이직 제안을 받았던 셰릴 샌드버그에게 "로켓에 자리가 있으면, 무슨 자리인지 묻지 말고 그냥 올라타라"라고 했던 유명한 말이 있습니다. 이 또한 제가 살아가면서 중요한 가치관으로 생각하는 말입니다. 저는 어떤 기회가 주어졌을 때, 이 말을 반사적으로 떠올립니다. 두려운 마음이 없는 것은 아니지만 일단 로켓에 올라타서 생각하자는 마인드셋이 장착된 듯합니다. 많은 사람이 오해하는 것이 완벽하게 준비된 상황에서 오는 기회를 잡는다고 생각합니다. 기회는 그때가 왔을 때 잡을 수 있어야 합니다.

만약 로켓에 올라타지 못했다고 해서 후회하지 마세요. 그것은 당신의 때가 아직은 아닐 수 있습니다. 포기하고 좌절하는 대신 또 다른 기회를 잡을 타이밍을 위해 오늘 하루 최선을 다하는 삶을 살면 됩니다. 언젠가 올 기회를 기다리면서 나는 지금 무엇을 하고 있는가가 중요합니다. 나의 때는 분명 옵니다. 그것을 알아볼 수 있는 사람은 준비된 사람뿐입니다. 그 로켓에 올라탈 수 있는 사람은 이미 그 자리를 차지할 준비가 되어 있는 사람입니다. 기회는 오는 것이 아니라 준비된 사람이 그것을 기회로 만드는 것입니다.

모든 일에는 때가 있다는 것을 알고 살아간다면 삶의 흐름 속으로 자연스럽고 부드럽게 들어가 집중할 수 있게 됩니다. 에리히 프롬도 『사랑의 기술』에서 "모든 일에는 때가 있다는 것을 모르고 억지로 일을 하려는 사람은 결코 집중하기 힘들 것이다. 이는 사랑의 기술에서도 마찬가지다."라고 했습니다. 삶도 관계도 때가 있나

봅니다. 그러니 지금 여기에서 유연하기를 바랍니다.

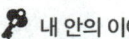 내 안의 이야기

당신은 다가올 때를 기다리며 무엇을 준비하고 있나요?

현명하게 질문하는 법

코칭 워크숍 중에는 '질문 리스트 작성 활동'이 있습니다. 참가자들은 평소 자주 사용하거나 받았던 질문들을 함께 적어봅니다. 많은 이들이 자신의 질문 패턴을 객관적으로 보면서 충격에 빠지는 모습을 종종 봅니다. 부정적이거나 제한적인 질문, 또는 이미 답이 정해진 '답정너'식 질문이 생각보다 많다는 것을 발견하기 때문이죠.

이렇게 자주 하는 질문 패턴을 함께 살펴본 후, 더 의미 있는 두 번째 질문으로 넘어갑니다. "지금까지 살면서 나에게 힘이 되거나, 생각지 못한 관점을 열어준, 삶에 영향을 준 질문이 있었나요?" 이 질문만으로도 많은 이들이 자신의 삶을 돌아보게 됩니다. 무심코 들었던 한 질문이 자신을 깊이 들여다보는 계기가 된 경험을 공유하며 의미 있는 성찰의 시간을 갖습니다.

질문은 단순히 정보를 얻는 수단을 넘어, 우리 뇌의 사고 방향을 결정하는 강력한 도구입니다. 질문을 받으면 우리 뇌는 자동으로 답을 찾는 사고 과정을 시작하게 됩니다. 이 과정에서 질문의 방향이 우리의 사고를 열기도 하고, 제한하기도 합니다.

"어떻게 하면 더 나아질 수 있을까?"라는 질문은 개선 방법을 찾도록 사고를 확장하지만, "나는 왜 이렇게 실수가 잦을까?"라는 질문은 자기비판으로 이어질 수 있습니다. 좋은 질문은 생각의 지평을 넓히고, 기존의 가정과 신념을 흔들며, 새로운 가능성의 문을 열어줍니다.

따라서 자신에게도, 만나는 사람들에게도 미래의 가능성을 열어주는 열린 질문과 중립적 질문을 던지는 것이 중요합니다. 인류의 역사는 이처럼 가능성을 여는 수많은 질문이 모여 발전해 왔습니다. 질문은 사고를 확장하고 행동을 촉진하는 원동력이며, 위대한 사상가, 과학자, 리더들은 항상 강력한 질문으로 혁신의 문을 열었습니다.

'더 넥스트'를 주제로 한 독서 모임에서 아홉 명의 구성원은 각자 다음 단계를 준비하는 것을 목표로 책을 읽기 시작했습니다. 첫 번째 모임에서 읽은 김호 작가의 『왓 두유 원트?』가 기억에 남습니다. '나는 어떤 삶을 살고 싶은가?'라는 강력한 질문을 담은 이 책은 제가 항상 가슴에 품고 있는 주제이기도 합니다.

"나는 정말 무엇을 하고 싶은 걸까? 내가 진정으로 원하는 것은 무엇일까?" 물건을 구매하거나 단기적 욕구가 명확할 때는 쉽게 답할 수 있지만, 삶의 방향성에 적용할 때는 의외로 답하기 어려운 질문입니다. 실제로 이 질문에 명확히 답하는 사람을 많이 보지 못했고, 저 역시 마찬가지였습니다. 어떤 선택이 최선인지 확신할 수 없거나, 하고 싶은 것이 너무 많거나, 혹은 완벽한 결정을 내리고 싶은 욕구 때문에 우리는 종종 답을 미루거나 선택 장애에 빠지곤 합니다. 이런 고민이 우리의 진정한 욕구를 탐색하는 과정을 더 복잡하게 만듭니다.

사이먼 사이넥의 『나는 왜 이 일을 하는가』에 소개된 골든 서클(Golden Circle) 모델은 위대한 리더와 조직의 성공 패턴을 명확하게 보여줍니다. 이 모델에 따르면, 영향력 있는 리더와 기업은 대부분 사람과 반대로 Why(왜), How(어떻게), What(무엇)의 순서로 접근합니다. 이 중 가장 핵심은 'Why' 질문으로, 이는 목적, 존재 이유, 신념, 믿음, 철학, 미션 등 궁극적으로 주관적 가치관을 의미합니다. 많은 리더가 What 질문부터 시작하는 반면, 진정한 영향력을 가진 리더는 Why에서 출발합니다. 저도 이 모델을 접하고 회사를 운영할 때 잘 활용한 경험도 있습니다. 코칭 교육에서도 이 모델에 대한 강의를 많이 했기에 이 방식에 대한 의문을 품지 않았습니다.

Why 질문은 존재 이유이자 삶의 목적, 신념입니다. 즉, 미션에 해당합니다. 이 질문에 대한 답을 찾기 위해서는 꽤 오랜 시간이 걸

릴지도 모릅니다. 많은 사람이 이 질문에 대한 중요성을 인식하지 못하고 앞만 보고 달려가기에 급급합니다. 하지만 존재 이유나 목적을 위해 꼭 먼저 해야 할 질문입니다. 삶의 목적을 찾는 과정에서도 이 질문 모델은 유용합니다. 우리가 무엇을 하는지(What)와 어떻게 하는지(How)보다, 왜 하는지(Why)를 명확히 할 때 더 깊은 의미와 동기를 발견할 수 있습니다. 이는 단순한 비즈니스 전략을 넘어, 인생의 방향을 설정하는 철학적 접근법이 될 수 있습니다.

저는 제 인생의 다음 단계를 탐구하면서 골든 서클 모델에서 What 요소의 중요성을 새롭게 깨닫게 되었습니다. 사이먼 사이넥이 제안하는 Why→How→What 순서는 조직이나 브랜드 전략에 적합할 수 있으나, 개인의 삶의 방향을 설정할 때는 오히려 Why→What→How의 순서가 더 효과적일 수 있습니다.

Why 질문이 미션을 설정하는 데 중요하지만, 이를 실현할 매개체가 필요합니다. 제 삶의 미션은 '함께하는 사람들이 물심양면으로 번영하는 삶을 살도록 기여하는 것'이지만, 이를 어떻게 구체화할지 선뜻 답하기 어려웠습니다. What 질문은 이루고 싶은 비전으로, 이것이 명확해지면 How인 실행 방법은 자연스럽게 따라옵니다. 이러한 접근법을 통해 저는 '리더십과 커뮤니케이션 코치가 되어 사람들의 번영을 돕고, 2030년까지 리더십 개발 전문가로서 청년 리더들을 육성한다'는 구체적인 비전을 세울 수 있었습니다.

이 비전을 실현하기 위한 첫걸음으로, 건국대학교 일반대학원 산업경영융합학부에서 벤처경영공학 전공 박사 과정을 시작했습니다. 이처럼 명확한 Why와 What이 있을 때, 다양한 창의적 전략과 구체적 실행 방법인 How가 더욱 효과적으로 도출됩니다.

코치는 질문을 하는 사람입니다. 코칭에서 질문은 단순한 정보 교환 수단을 넘어, 상대방이 더 깊이 사고하고 스스로 해답을 발견하도록 돕는 강력한 도구입니다. 질문이 없다면 우리의 사고는 정체되거나 제한된 관점에 갇힐 가능성이 큽니다. 코칭은 바로 이러한 질문의 힘을 활용하여 고객이 자기 주도적으로 변화하고 성장할 수 있도록 돕는 과정입니다.

나는 지금 어떤 질문을 나에게 던지고 있나요? 질문 하나가 나의 삶을 바꿀 수 있습니다.

나는
어떤 사람이길
원하는가?

최근 우리나라의 100세 이상 인구는 7,634명(2023년 기준), 지난 10년간 2배 이상 증가했습니다. 통계청의 이 숫자로 우리가 이미 장수 시대에 진입했음을 알 수 있습니다. 그러나 단순히 '오래 산다'는 것과 '의미 있게 산다'는 것에는 차이가 존재하죠. 이 간극을 가장 우아하게 건너고 있는 이가 있습니다. 바로 105세의 철학자 김형석 교수입니다.

어느 가을 일요일 오후, 교보문고의 '명강의 Big10' 시리즈에서 그의 저서 『백 년의 지혜』 특강을 들으러 간 저는 예정된 시간보다 한 시간 일찍 도착했습니다. 호기심과 기대감이 뒤섞인 마음으로 자리에 앉아 있는데, 한 노신사가 천천히 입장했습니다. 누군가의 팔을 가볍게 붙잡고 있었지만, 그분조차 80세는 훌쩍 넘어 보이는 고령이었습니다.

휠체어도, 지팡이도 없이 단지 느리게, 그러나 의연하게 걸어오는 105세의 철학자. 그 순간 저는 깨달았습니다. 이것이 단순한 생존이 아닌, 살아있음의 진정한 의미일지도 모른다는 것을요. 강연이 시작되자 교수는 무대 중앙의 의자에 홀로 앉았습니다. 두 발을 가지런히 모으고, 때론 다리를 우아하게 꼬며, 무선 마이크를 손에 쥔 채 90분의 강연과 30분의 질의응답을 온전히 이끌어갔습니다. 온화하면서도 당당한 목소리, 흔들림 없는 논리, 그리고 무엇보다 맑은 눈빛 그것은 105세라는 숫자가 무색해지는 순간이었습니다.

"어떻게 저렇게 나이 들어갈 수 있을까?"

강연 내내, 그리고 그 후로도 이 질문이 내 머릿속을 맴돌더군요. 겉모습은 여느 노인들과 다를 바 없었지만, 그분은 분명 다른 어른이었습니다. 어떤 철학, 어떤 삶의 방식이 한 인간을 이렇게 우아하게 나이 들어갈 수 있게 하는 걸까요?

"이 시대를 힘겹게 살아가는 청춘들에게 남겨주고 싶은 삶의 깨달음이 있습니다."

노교수의 목소리가 강연장을 가득 채웠습니다.

"자신을 사랑해야 합니다.

자유롭게 살아야 합니다.

행복과 보람을 느껴야 합니다.

인간다운 삶을 추구해야 합니다."

"인생은 무엇을 남기고 가는 걸까요?

누구나 가진 것 없이 빈손으로 가야 합니다.

결국 소유했던 것을 주고 가는 것이 인생입니다.

우리에게 주어진 시간이, 남은 인생이 더 선하고 아름다워지길 바랍니다."

한 세기를 살아온 사람의 입에서 나온 이 통찰은 마치 시간을 초월한 진리처럼 들렸습니다. 그 순간 저는 깨달았어요. 우리가 진정으로 두려워해야 할 것은 죽음이 아니라, 의미 없이 살아가는 것이라는 사실을요. 교수의 강연은 세 가지 주제로 귀결되었던 것 같습니다. 자신의 길 찾기, 평생 공부하기, 그리고 인격의 고결함입니다.

"나는 어떤 사람이길 원하는가?"

김형석 교수는 젊은 시절 도산 안창호 선생의 강연을 듣고 철학자의 길을 선택했다고 했어요. 도산이 '정치적' 지도자가 되었다면, 자신은 '정신적' 지도자가 되기로 마음먹었다는 것입니다. 그 순간의 결심이 100년 가까운 여정의 시작점이 되었던 것입니다.

"모든 사람은 각자의 길이 있습니다. 그러나 우리 교육은 100명에게 100미터 달리기만 가르치고, 단 세 명의 우승자만 인정합니다. 나머지 97명은 한 달 내내 연습한 보람도 없이 자기 길을 찾지 못하게 됩니다."

이 말이 가슴에 와닿았습니다. 각자의 체질에 맞는 운동이 다 있는 것처럼 자신에게 맞는 길이 있습니다. 저는 이 말을 들으며 '내게 맞는 길을 찾아야 한다. 나만의 길!'이라고 속으로 외쳤습니다. 물론 일찍 자신의 길을 찾으면 좋겠지만 쉬운 일이 아닙니다. '그 여정에 도움을 줄 수 있는 것이 코칭이 아닐까?'라는 발견과 함께 '나의 길은 코칭이구나'라며 이 길을 계속 나의 길 중 하나로 가꿔가야겠다고 다짐했습니다.

제가 코치로서 만나는 많은 이들 역시 자신의 길을 찾아 헤매고 있습니다. 특히 베이비부머 세대의 은퇴자들은 '제2의 인생'이라는 미지의 영역에 진입하고 있습니다. 그들에게 김 교수의 메시지는 더욱 절실하게 다가옵니다.

"이제는 정년이 없는 시대입니다. 경제적 활동을 위한 일도 중요하지만, 내 인생을 보람 있게 만드는 일을 찾아야 합니다. 노는 사람은 되지 마십시오." 105세의 철학자가 여전히 일을 강조하는 역설. 그것은 생계를 위한 노동이 아닌 소명에 관한 이야기였습니다.

"인생이 100리 길이라면, 중학교까지는 20리, 고등학교까지

30리, 대학교까지는 40리입니다. 그렇다면 남은 60~70리는 홀로 걸어가야 합니다."

저는 특히 이 말에 깊이 공감했습니다. 우리 사회는 졸업과 함께 배움이 끝난다고 착각하곤 합니다. 그러나 진정한 학습은 학교를 벗어난 후에야 비로소 시작됩니다. 김 교수의 이야기는 학생들을 오랫동안 가르쳐본 경험에서 나눠준 살아있는 것이었어요. 16~17세가 기억력이 가장 좋고, 대학생이 되면 이해력이, 사회에 나가면 사고력이 발달한다고. 나이가 들어 기억력이 감퇴해도, 이해력과 사고력으로 세상을 더 깊이 이해할 수 있다는 말은 위로가 담긴 말이기도 했습니다. 저의 경우도 그랬습니다. 어릴 때는 공부의 재미를 느끼지 못했습니다. 그러나 삶의 경험이 쌓이고 관심사가 뚜렷해지면서, 비로소 배움의 즐거움을 알게 되었습니다.

"학문과 지식에는 끝이 없습니다. 박사학위를 받았다고 해도 그 뒤에 더 공부해야 합니다. 아는 만큼 보이고, 아는 만큼 일할 수 있습니다." 평생 공부하는 철학자의 이 말은, 지식이 단순한 소유물이 아닌 삶의 렌즈임을 일깨워주었습니다.

"인격이 높은 사람이 존경받고, 인격이 낮은 사람은 존경받지 못합니다."

강연의 마지막 주제는 '인격'이었습니다. 그동안 저는 이것을 '태도, 자세, 마음가짐'으로 표현하곤 했는데 일맥상통함을 느꼈습니다.

"인격이 낮은 사람은 나만 아는 이기주의가 되기 쉽습니다. 베풀 수 있는 사람이 존경받고 지도자가 됩니다. 더불어 사는 사람이 행복한 사람입니다."

이 말에서 '공존'이라는 키워드가 제 마음에 강하게 박혔습니다. 나의 가치 중 '기여'라는 단어를 '공존'으로 업그레이드해야겠다고 다짐하는 계기가 되었어요.

"오래 살고 싶은가? 욕심을 비우십시오. 나만 성공한 삶을 추구하면 오래가지도 못하고 불행합니다. 나를 위해 살면 남는 것이 없습니다. 욕심을 버리고 인간관계를 아름답게 가꾸십시오."

100년 이상을 살아온 철학자의 이 조언은 단순한 삶의 기술이 아닌, 삶의 근본 원리처럼 들렸습니다. 현대 심리학이나 뇌과학이 밝혀낸 행복의 비밀도 결국은 이와 다르지 않습니다. 우리는 연결될 때 행복합니다.

"나에게 주어진 인생의 길을 끝까지 살아가겠다는 마음으로 그런 새출발을 해주시기를 바랍니다."

105세의 철학자가 여전히 '새 출발'을 이야기했어요. 강연의 마지막 말씀이 깊은 여운을 남겼습니다. 이제 저는 왜 그의 책이 『백년의 지혜』인지 이해가 됩니다. 100년 이상의 시간이 단순한 지식이 아닌, 삶의 지혜로 응축된 결과물이기 때문이죠. 그의 몸은 노화

했을지언정, 정신은 여전히 맑고 투명했습니다. 105세라는 나이에 대한 호기심으로 강연장에 온 저는 교수의 강연을 통해 '나는 어떤 사람으로 살고 있는지', '어떤 성장을 하고 있는지' 나와 더불어 살아야 하는 이유에 대해 다시 깨달을 수 있었습니다.

지금 이 순간, 우리에게 주어진 시간이 그것이 10년이든 50년이든 100년이든 더 선하고 아름다워지길 바라며, 오늘도 우리에게 주어진 걸음을 한 걸음씩 성실하게 내딛기를 소망합니다.

에필로그

내가 원하는 삶을 산다는 것의 의미는 무엇일까요?

저는 스스로 질문을 던지고 답을 찾아가는 여정을 사는 것이라고 생각합니다. 그 답은 정답을 의미하지 않습니다. 살면서 만나는 수많은 문 앞에서 호기심을 갖고 당당하게 문을 열고 들어가 그 안의 세상을 경험하고 성공과 실패 속에서 배우는 것을 뜻합니다.

그동안 제 삶을 돌아보니 '도전과 행동'이라는 황금 열쇠로 제 앞의 문을 하나하나 열어왔습니다. 무모한 도전이기보다 제 의식과 무의식의 소리에 귀 기울이며 자연스럽게 삶의 흐름에 올랐습니다. 경험하고 배우는 삶의 과정은 아름다웠습니다. 햇빛이 나면 기쁘고 즐거웠고, 바람이 불어도 좋았습니다.

우리는 자기표현의 시대에 살고 있습니다. 소중한 나를 자기만의 방식으로 표현하고 있습니다. 어느 날 마주친 문은, 자기표현의 문이었습니다. 그 문을 열기가 두려워 흘려보내길 여러 번, 내 안의 욕구는 이제 그 문을 열라고 말하고 있었습니다. 욕구를 알아차리고 실제 책으로 나오기까지 꽤 오랜 시간이 걸렸습니다. 포기하지 않은 덕분에 이렇게 결실을 보게 되었습니다. 저의 경험과 배움, 성찰의 시간을 담았습니다. 삶의 철학, 방식, 태도, 그리고 그 속에서 얻은 지혜들은 저를 표현하고 있습니다.

첫 시작은 제가 만나는, 앞으로 만날 고객들에게 '당신의 코치를 소개하고 싶다'는 마음에서 출발했습니다. 보통 큰 비용을 들여 코치를 고용합니다. 고객들은 코치 프로필 한 장으로 자신의 코치를 선택하게 되는 경우가 많습니다. 상호 신뢰가 무엇보다 중요한 것이 코칭입니다. 저야 고객과의 코칭 대화를 통해 고객을 알아가겠지만, 코치가 어떤 삶의 태도로 살아왔는지 고객은 알기 어렵습니다. 이번 문을 열 때 저의 황금 열쇠가 되어 준 것은 고객을 위한 이 마음입니다.

제 삶의 중심에는 언제나 '사람'이 있었습니다. 저의 기본 골격을 만들어 준 사랑하는 부모님 덕분에 늘 몸과 마음이 건강한 사람으로 살 수 있었습니다. 문 하나를 열 때마다 정말 좋은 사람들이 제 길에 함께 하며 귀한 인연을 맺어주셨습니다. 한 분 한 분 떠오르는 분들의 미소가 아름답습니다.

우연을 가장한 필연으로 만난 혜윰터 이세연 대표와 책을 내기로 하고, 김지은 에디터님을 만났습니다. 소중하고 귀한 두 분이 잘 이끌어주셔서 글이 책으로 나오는 과정이 즐겁고 든든했습니다.

저는 아직도 다양한 방식으로 제 삶의 흐름 속에 놓여있습니다. 지금까지의 방식으로 삶을 살아가겠지만, 또 어떤 변화가 생길지 알 수 없습니다. 그것이 인생이니까요! 누군가는 분명 자신만의 영감을 받고, 에너지를 얻어 각자의 표현 방식을 찾을 수 있다고 믿습니다. 당신의 고유한 이야기를 표현해 보세요. 누구나 인생의 찬란한 시절이 있습니다. 그 시절은 현재진행형입니다. 매일매일 그 찬란한 시절을 스스로 만들어 가길 희망하고 응원합니다. 당신만의 이야기를 저도 듣고 싶습니다.

당신이 스스로 문을 열기를.
당신 자신을 Unlock 하기를.
우리에게는 무한한 잠재력으로 번영하는 미래를 개척할 충분한 자원이 있다는 것을 믿기를. Unlock yourself!

편집 후기

"나에게는 하나의 창문이면 충분하다.
이해하고, 느끼며 나를 바라보던 순간의 창문 하나."

Unlock Story. 내 앞에 열린 하나의 창문만으로도 지난 몇 개월은 충분했습니다. 이해하고, 느끼고, 나를 알아가던 충만한 일상을 열어 주었습니다.

창문 너머로 흘러가는 생생한 단어, 그의 삶에 뿌리내린 단단한 문장들을 눈을 반짝이며 귀를 기울이던 시간입니다. 작가가 '살아낸 시간'을 숨죽여 지켜봅니다. 언락스토리에 등장하는 경험, 사유, 메시지들은 저를 향한 질문으로, 때론 제 편견과 고정된 사고를 흔드는 울림으로 다가오곤 했습니다. 시간이 갈수록 챕터에 머무는 시간이 늘어나고, 제 안의 희미한 목소리가 조금씩 선명해집니다. 어두운 산책길, 노란 불빛의 가로등을 만난 듯 안심이 됩니다.

나와 나, 나와 세상의 다툼 소리에 조마조마한 시간을 보내던 중이었습니다. 열어 놓은 창문 너머 스며드는 이야기들에 귀 기울이는 것만으로도, 저는 그토록 피하고 싶었던 내 안의 나와 마주 앉을 수 있었습니다. 어긋남 속에서 움츠렸던 마음에 화해라는 이름의 용기가 조용히 싹틉니다.

　오랫동안 열린 창문 곁에 바싹 붙어 있고 싶다고 생각했습니다. 그렇게 창 너머로 흐르는 그의 말들을 의지하는 시간이 제 안에서 차곡차곡 쌓여갑니다. 분명 어제와는 다른 저를 만납니다. 긍정, 도전, 따뜻한 온기로 되찾은 건강한 일상에 하루하루가 신이 납니다. 잠긴 창문 앞에서 아등바등 두려워하던 시간은 사라지고. '도전해볼까?'라며 용기 내 잠긴 문의 손잡이를 돌립니다.
　딸각.
　활짝 열린 문밖의 모든 것에게 반갑게 손을 흔듭니다.
　막막하던 앞날도, 두렵던 사람도, 불안하던 세상도. 창밖의 반가운 손님이 되었습니다.

"단단히 뿌리 내린 제 삶의 가치들은 자신과 끊임없는 대화 속에서 차곡차곡 쌓아온 자기 이해의 결실입니다"

—본문 중에서

　단어와 문장 안에서 나눈 나와의 대화, 나를 향한 질문이 하루하루 쌓여갈 때쯤. 나는 어디로 흘러가는지, 나는 어떤 사람인지, 어떻게 살아가야 할지가 뚜렷해지기 시작했습니다. 그것은 흔들림 속에서도 편안함을 찾아가는 과정이었습니다. 책 속 그의 구체적이고 친절한 설명 덕분입니다. 조용하고도 무해한 응원은 이토록 힘이

셉니다.

    왜 언락스토리를 읽어야 하냐고 묻는다면, 저는 자신의 다른 한쪽 면에 이르기 위해서라고 답합니다. 언락 스토리는 우리 안의 두려움과 불안, 아픔과 상처로 가려진 진짜 나의 내면으로 우리를 이끕니다. 슬프면 슬픈 대로, 사랑하면 사랑인 채로 나를 계속 지켜보는 일. 그렇게 고유한 나의 지금을 살아가도록.

- 김지은

언락 스토리

초판 1쇄 발행 2025년 11월 7일

지은이 박은하
펴낸이 이세연
편 집 김지은
디자인 정나영
제 작 npaper
펴낸곳 도서출판 혜움터
주 소 경기도 부천시 소사구 소사로 257, 6층 C08호
이메일 hyeumteo@gmail.com
인스타그램 @hyeumteo

글, 사진 ⓒ박은하 2025
ISBN 979-11-989942-5-7 (03810)

* 이 책은 저작권법에 따라 보호받는 저작물이므로 무단 전재와 복제를 금지합니다.
* 이 책 내용의 전부 또는 일부를 이용하려면 반드시 사전에 저작권자와 도서출판 혜움터의 서면 동의를 받아야 합니다.
* 값은 뒤표지에 있습니다.
* 잘못 만들어진 책은 구입하신 서점에서 바꿔드립니다.